Ces voix qui m'assiègent

DU MÊME AUTEUR

Prix Maurice-Maeterlinck (Bruxelles) – 1995.
International Literary Neustadt Prize (Etats-Unis) – 1996.
Prix international de Palmi (Italie) – 1998.
Prix de la Paix des éditeurs allemands (Francfort) – 2000.

Romans

LA SOIF, Julliard, 1957.
LES IMPATIENTS, Jullliard, 1958.
LES ENFANTS DU NOUVEAU MONDE, Julliard, 1962.
LES ALOUETTES NAÏVES, Julliard, 1967.
L'AMOUR, LA FANTASIA, Lattès, 1985 ; Albin Michel, 1995.
OMBRE SULTANE, Lattès, 1987. Prix Liberatur (Francfort) – 1989.
LOIN DE MÉDINE, Albin Michel, 1991.
VASTE EST LA PRISON, Albin Michel, 1995.
LES NUITS DE STRASBOURG, Actes Sud, 1997.
LA FEMME SANS SÉPULTURE, Albin Michel, 2002.
LA DISPARITION DE LA LANGUE FRANÇAISE, Albin Michel, 2003.

Nouvelles

ORAN, LANGUE MORTE, Actes Sud, 1997. Prix Marguerite-Yourcenar (Etats-Unis).
FEMMES D'ALGER DANS LEUR APPARTEMENT, Albin Michel, 2002.

Suite en fin de volume

Assia Djebar
de l'Académie française

Ces voix qui m'assiègent

... en marge de ma francophonie

Albin Michel

Collection « L'identité plurielle »

Avant-propos

L'écrivain est parfois interrogé comme en justice : « Pourquoi écrivez-vous ? » A cette première question banale, une seconde souvent succède : « Pourquoi écrivez-vous en français ? » Si vous êtes ainsi interpellée, c'est, bien sûr, pour rappeler que vous venez d'ailleurs.

La francophonie a un territoire multiple certes ; mouvant et complexe, certainement. Elle est en outre censée avoir un centre fixe, d'où parlent, écrivent et discutent des Français dits « de souche ».

« En marge de ma francophonie », annonce mon sous-titre ; je serais tentée de le compléter : « en marge » mais aussi « en marche ». Oui, mon écriture française est vraiment une marche, même imperceptible ; la langue, dans ses jeux et ses enjeux, n'est-elle pas le seul bien que peut revendiquer l'écrivain ?

La plupart de ces textes – où les genres se mêlent : poésie, courtes narrations, analyses – ont été soit improvisés, soit rédigés dans l'urgence, parfois juste avant ma prise de parole.

L'attente d'un public, restreint ou important (à Montréal, en Seine-Saint-Denis, à Oslo ou Heidelberg, etc.), me poussait à « rendre compte » de mon écriture, de mon trajet, de mon pays.

« *Prise de parole* », donc, en amont de ce livre. Portée par des *« voix qui m'assiègent »*, ma propre voix, ici transcrite, a tenté, surtout au cours de ces années tumultueuses, et souvent tragiques, de mon pays, simplement de défendre la culture algérienne, qui me paraissait en danger.

Mais vivante, celle-ci demeure, même si certains lui dénient sa multiplicité.

Avril 1999

Introduction

Un parcours francophone 1957-1997

– Ecrire
pour ne pas rester
les mains
nues

... pour que mon poème serve de route
à ce que je ne connais pas.

André DU BOUCHET,
Carnets (février 1953).

Entre corps et voix

Depuis si longtemps déjà
toujours entre corps et voix
et ce tangage des langages
dans le mouvement d'une mémoire à creuser
à ensoleiller
risques de mon écriture
d'envol
d'exil
d'incessants départs
repères dans le sable ancestral
Ecrire est une route
à ouvrir...

1. « Depuis si longtemps déjà :
toujours entre corps et voix »

– n'est-ce pas d'abord une pulsion d'écriture portée
par un corps de femme qui se meut au-dehors
qui veut voir au-dehors,

c'est-à-dire les autres

corps qui ne se pose pas
mais, sans le savoir, s'expose...

et ce corps mobile, hésitant, sorti à demi de l'ombre,
ne pourrait aller loin,
ne pourrait rêver loin
ne saurait fixer l'horizon
quoi, tous les horizons,
sans risquer d'oublier l'ombre et la nuit derrière,
là, derrière, tout contre ses épaules

oui, ce corps porté soudain de plus en plus vivement
en cercles se déroulant multipliés
à la fois dans l'espoir et la retenue muette
corps sans ancrage
mon corps ou celui de mon écriture ?

Ce corps s'en va sur le chemin
par les sentiers de hasard
et c'est alors la voix
la voix de ce corps naviguant
muet jusque-là, yeux élargis
la voix des ombres sororales aussi
            feuilles au vent

cette voix double qui chuchote
            qui murmure
            qui roucoule
            et coule
liquide, languide, ne tarit pas

la voix sans force
            ou à corps et à cris

la voix hurlante
ou à peine véhémente
infatigable certes
inaltérable
un flux sans nulle source
        de moi des autres
        des femmes mortes
        de ma cadette tout près
voix de ma fille vacillante
        ou si forte

ma voix multiple
qui soulève ce corps
le porte haut
l'envahit, le bouscule, le tire,
l'emplit

        entre corps et voix
ainsi va, cernée, encerclée, mais elle va
        mon écriture.

2. « Et ce tangage des langages »

N'ai-je pas dit, écrit dans *L'Amour, la fantasia* que :
Chez nous, toute femme a quatre langues
celle du roc, la plus ancienne,
disons de Jugurtha, la « libyque », appelait-on cette berbère
        le plus souvent rebelle et fauve,

la seconde, celle du Livre et des prières cinq fois par jour, celle du Prophète dans sa caverne écoutant, et voyant, et subissant Gabriel, la langue arabe donc qui, pour moi, enfant, se donnait des

airs de précieuse, affichait, pour nous autrefois, ses manières hautaines
– nous laissant pour le quotidien son ombre nerveuse et fragile, elle la sœur « dialectale »...
– celle-là donc, la langue de la ferveur scandée, propulsée
je n'oublie pas sa musique de soie et de soliloque
de chanvre et de lame de couteau
son rythme tissé et tressé
mystère maîtrisé qui me hante !...

la troisième serait la langue des maîtres d'hier, ceux-ci ayant fini par partir, mais nous laissant leur ombre, leur remords, un peu certes de leur mémoire à l'envers
ou de leur peau qui s'esquame,
disons « la langue franque ».

Trois langues auxquelles s'accouple un quatrième langage : celui du corps avec ses danses, ses transes, ses suffocations,
parfois son asphyxie,
et son délire
ses tâtonnements de mendiant ivre
son élan fou
d'infirme, soudain.

Dès l'âge de cinq ans, tracer de ma main portant le roseau ou la plume,
de gauche à droite comme de droite à gauche
dans l'une ou l'autre de ces langues conquises
mais quel est donc cet exercice
sinon écrire dans le risque du déséquilibre
sinon aller et venir tout le long du vertige
sinon se donner l'air de fuir
désirer tout quitter
les lieux de mort et les lieux de naissance
d'enfance

serait-ce comme au tourniquet
        un jeu de rires et de sanglots

Tanguer pencher d'un côté de l'autre
comme les gens savants disent :
        « Entre deux mondes
        Entre deux cultures »

Tourner,
le mot derviche n'a pas de féminin
                en français
Tourner sans se retourner eh bien quoi danser
        sans renoncer à l'une des langues
        de ce corps tressautant
et l'on entend les cris de la femme battue tout près
        quelquefois un long silence
tourner ne pas cesser

Ecrire donc d'un versant d'une langue
        vers l'abri noir de l'autre
        vers la tragédie de la troisième
dites-moi, quelle serait-elle, cette troisième ?

Tangage des langages, certes
        ce serait ne pas renoncer
        à l'espoir
        à...
Le désastre, depuis hier, a commencé.

3. « Repères dans le sable ancestral »

Le sable, je n'ai pas encore couru au désert
Isabelle, dès le début de ce siècle

en grandes foulées avides
elle, l'aventurière
la rimbaldienne des ksours et des oasis
la convertie « dans l'ombre chaude de l'Islam »
    comme on a dit pour elle,
en quelques années rapides de sa jeunesse
    de son ivresse
Isabelle nous a toutes précédées...

Ecriture de sable pour celle qui, à la fin, s'est noyée
la miraculée
la ressuscitée.

Mon sable à moi sur des décennies
s'effeuille dans la voix de cendre
des ancêtres.
Les morts, mes morts voraces qui dans les contes de minuit
des grand-mères
des sorcières redoutables
aux yeux noircis et aux paumes écarlates
m'ont secouée
m'ont presque noyée
de leur regard blanc

moi, enfant,
nous toutes accroupies en cercle
nous, les fillettes du patio
à la lueur des quinquets
et le sable, en perles noires, s'écoule
Les aïeules conteuses veillent
de leur mémoire d'ébranlement

Il n'y a plus de dehors
La nuit a avalé les matins
C'est toujours l'histoire en débris

Ces voix qui m'assiègent

le temps des cavalcades est revenu
 le passé sanguinolent
 le passé vif vivant

écrire ce feu
 nous qui serons femmes
 ou à jamais fillettes-femmes
 nous accroupies en ronde
écrire est une ouïe
 de minuit
écrire sera un commencement
 dans la guerre du siècle dernier
 du cheval blanc du héros tombé
 les cavales hennissent tout près
 la défaite des hommes se scande, tel un triomphe
  de sable
  de poussière d'or.

 Fillette aux pieds de l'ancêtre

Ecrire est une route à ouvrir
écrire est un long silence qui écoute
 un silence de toute une vie

comme autrefois
c'était au premier des désastres...

« Assise sur le bord de la route, dans la poussière »

Désert, ou solitude, que je crois le propre de tous les commencements : se mettre soudain à écrire, sans doute trop jeune, pendant la guerre d'Algérie – l'autre, celle de mes vingt ans – et qui plus est, pas des essais nationalistes, pas de profession de foi lyrique ou polémique (c'était ce genre de témoignage que l'on attendait de moi !), écrire donc des romans, qui semblaient gratuits, que je considérais comme des architectures verbales, me procurant, dans des parenthèses de quelques mois, le plaisir de leur conception, cela me changeait de ma gravité alors d'étudiante algérienne, puis de mes silences de femme exilée.

Ainsi entrai-je en littérature, par une pure joie d'inventer, d'élargir autour de moi – moi plutôt raidie au-dehors, parmi les autres, du fait de mon éducation musulmane – un espace de légèreté imaginative, un oxygène...

J'esquisse ce commencement de mon parcours d'écrivain, alors que la littérature algérienne fleurissait à l'ombre d'un quatuor d'aînés : Feraoun, Mammeri, Dib et Kateb...

« Assise sur le bord de la route, dans la poussière... »

C'est ainsi, pourtant, que j'aurais voulu débuter : évoquer à quel moment j'ai senti que je pouvais, moi témoin, ou regard, ou scripteuse, être au-dehors vraiment mêlée aux miens – aux tribus, aux fractions, générations mortes et vivantes, de ma terre là-bas (en somme donc « ma nation », plutôt ma communauté d'origine) – oui, mêlée, perdue parmi eux et m'imaginer laisser trace... pour eux, pour nous.

Ecrire, pas exactement au prime abord : me réveiller surtout par le regard – un regard totalement neutre, ni d'homme ni de femme, ou plutôt de femme surgie d'un coup au soleil et dévorant à la fois...

Je me souviens... J'avais juste quarante ans (à l'époque, je chantonnais souvent avec insolence, dans une société où à cet âge on marie ses premiers fils, où l'on s'installe dans la respectabilité du matriarcat : quarante ans pour moi, c'était seulement deux fois vingt ans !).

Je partis le premier jour de repérages en Jeep avec deux ou trois techniciens (dont un jeune directeur de photo, tout heureux de travailler avec moi, ne cessant de le manifester – or il mourut brusquement un mois après et je dus aller à ses funérailles !), le premier jour donc, sur la Jeep et décidée surtout à parvenir le plus haut dans les montagnes de mon enfance, au-delà de « la route romaine », sur les pistes, plus haut encore, à travers sentes et ravines... Ainsi, dans ces déambulations de mon premier été de cinéaste, je fus fascinée par un détail récurrent : partout, sur les routes, hommes et femmes, paysans de tous âges, et les femmes, vieilles surtout quoique emmitouflées, s'asseyaient en tailleur sur le rebord du fossé, dans la poussière, pour attendre. Le car, une charrette, un conducteur d'âne. Ils se levaient enfin et partaient à leur tour ; mais pas toujours les vieilles auprès de qui assez vite j'appris à m'asseoir et à converser, m'installer ainsi dans la poussière blanche et attendre... eh bien c'était simplement regarder – en somme, faire passer le temps !

« Assise sur le bord de la route, dans la poussière », cela me parut, ces premiers jours, un luxe royal ! J'envoyais l'assistant, l'opérateur au village le plus proche : chercher où passer la nuit, s'astreindre à quelques formalités administratives, ils avaient la bougeotte, ils voulaient à tout moment se rendre utiles – moi enfin, seule, assise près du fossé, liant connaissance avec un groupe de fermiers, ou de saisonniers (ils revenaient ou allaient au marché) ; plus volontiers, auprès d'une femme accroupie, sa tête et ses épaules à demi voilées, à côté une grand-mère se mettait à se plaindre de son fils au hameau voisin (« il enferme sa femme, disait-elle, c'est normal, mais il n'enfermera pas sa mère ! ») et elle riait, elle concevait la vie ainsi, se prélasser au soleil, assister au spectacle de la route : je m'immobilisais une heure ou deux, à ses côtés.

« Assise donc sur la route », à même le sol, je crois que je vécus mon ivresse la plus rare : regarder en anonyme ; même en jean, relever un genou, poser mon coude sur ma jambe comme eux et oublier le temps en contemplant le défilé des passants, des fellahs, des conducteurs de mulets, et de quelques vélos...

Ainsi, à quarante ans, je retrouvais le monde paysan de ma première enfance. Dans un statut non pas de voyeuse, mais d'androgyne croyant (ou m'illusionnant) m'être placée par miracle sur la ligne invisible qui ici séparait les sexes, dans ce pays ségrégué – par cette conquête tardive de la lenteur et de l'attente (attente du spectateur éternel), m'illusionnant une seconde fois puisque moi, venue de la ville, je m'immergeais enfin parmi les figurantes paysannes.

Je m'illusionnai une troisième fois : habillée à l'européenne mais parlant le dialecte local, je me sentais, malgré mon costume, admise d'emblée parmi les *assis de la route* – ceux qui ont tout le temps. On me croyait plus jeune que je n'étais parce que j'avais sauté par-dessus le fossé et que je m'exclamais : « Je m'assois auprès de vous ! » – « pour rien », « pour parler », pour comprendre (cela je ne le disais pas haut) et je me sentais, durant quelques heures, semblable à ces vieillardes traditionnelles, elles qui, sur le tard, jouissaient de toutes les libertés – en premier celle de l'espace.

Ces repérages m'ont fait pénétrer, en un enthousiasme contenu, dans l'écriture du cinématographe (pour parler comme Bresson) ; certes. Ils m'ont donné aussi l'impatience ardente de vieillir.

« Assise sur le bord de la route, dans la poussière » – pour ma part, bien sûr, pas emmitouflée, non, les bras nus, le visage offert, le corps s'exposant au soleil, se ridant et riant.

Je vieillis donc et j'arrive peu à peu à ce détachement « sur le bord de la route, dans la poussière », sauf que le spectacle, justement sur la route, désormais vient de virer au sanglant : défilent des hommes portant leur tête coupée entre les mains, des femmes, cette fois jeunes et quelques adolescentes, tentant d'empêcher les flots de sang de trop jaillir de leurs nuques, de leurs yeux... Sur l'autre côté de la route – car je regarde, oui, je continue à regarder – des jeunes gens, des garçons et quelques hommes faits, tous en armes, certains, le visage entièrement masqué de noir, surveillent la procession interminable, hommes d'armes statufiés ; terribles mais statufiés...

Ecrire une telle nation, garder trace de telles hallucinations !... Les palmiers subsistent, flammes vertes, au cœur de l'oasis tout près. Quelquefois même, un air de luth s'échappe d'un patio dans une rue de médina figée...

« Assise toujours sur le bord de la route et dans la poussière » rougie ? Non, je ne veux pas ; je retourne au désert de mes vingt ans, quand je me croyais condamnée au rêve. Au rêve de la vie !

Ainsi me suis-je oubliée à rappeler mon trajet en écriture ; mes libertés, ma joie d'hier, mon désarroi d'aujourd'hui : parmi les miens.

Ils ont sali le mot « peuple », ils ont usé à tort et à travers du vocable de « nation » ; ils ont soliloqué avec le mot « Algérie » comme si cette réalité-là n'avait pas eu de multiples yeux, pour les regarder dans leur pitoyable comédie, comme si elle n'avait pas gardé ses souterraines voix pour les en assourdir !

C'est pourquoi je dis « les miens », en pensant certes à la généalogie, mais hélas, même dans ce mot, je vois le sang alors que la terre natale s'éloigne et que je m'emmêle dans l'écheveau des langues tressées – celle qui se dit et ne s'écrit pas, celle qui se parle et fuit l'enflure des discours, celle dite « étrangère » et que j'écris, moi, chaque jour ; or elle élargit le silence là-bas, elle creuse pour l'instant ma révolte et la raffermit !

I

Francophonie ?

Nous savoir

Nous savoir qui rêvâmes

là

Sans chiffres ni runes
Rue par monts et vaux
Nous savoir ce cœur lourd
Grand rocher éboulé infléchi du dedans
Par l'indicible musique retenue prisonnière
D'une mélodie quand même à sauver du
Désastre

Aimé CÉSAIRE,
Ferrements (1960).

Etre une voix francophone

1. Qu'est-ce qu'écrire, pour moi ? Est-ce que j'écris un texte dit « francophone » d'abord ?... Est-ce que je me sens un écrivain francophone ?

Je me souviens : à la Foire du livre de Turin en mai 1993, lorsque les journalistes m'interrogeaient : « Pourquoi écrivez-vous ? » – car c'est le « pourquoi » de l'entrée en littérature qui est le plus souvent demandé, et plus particulièrement à une femme –, j'avais répondu d'emblée – le découvrant moi-même et à mon tour :

– *J'écris,* avais-je répondu, *j'écris à force de me taire !*

Ce qui voudrait dire ici que je ne sais vraiment pas si je suis, disons, une *francophone voice.* Car je ressens de plus en plus que je ne peux pas être, et surtout pas, « une voix », puisque, entre deux livres publiés, je me tais, je m'entête à me taire, et presque à m'enterrer vocalement. Alors justement, mon écriture sort, surgit, coule soudain ou par moments explose.

Explose en moi d'abord, et je dois le préciser, tel un rythme, une scansion, un mouvement intérieur, un martèlement sans mots – ou en deçà de la langue, une avant-langue, ou plutôt un amont obscur de la langue... Serait-ce une poussée d'écriture, plus exactement une nécessité d'inscription qui abruptement, ou en tâtonnant, s'affirme ?

Ainsi, de plus en plus, naissent mes livres ; leur source, leur mise au jour : une pression, une pulsion avant même que, sur la rive, la langue s'éclaire peu à peu.

Tout cela m'amène à définir mon écriture, ou tout au moins son annonce, sa percée (*« la venue à l'écriture »,* dirait Hélène Cixous), dans un « hors-les-langues » sans doute, mais aussi comme le contraire – ou le différent – d'une « mise en écrit de la voix ».

Cette dernière ressortirait alors d'une mise au tombeau de la voix, pour ne pas dire presque, mais ce serait alors en partie faux, une mise à mort de la voix.

Disons plutôt que l'écriture qui surgit, qui s'inscrit, qui court sur le sable, la soie, le parchemin ou les tablettes, sur le papier ou sur l'écran allumé, s'anime en effet, prend vie, gagne vitesse et même galope, mais toujours comme une mise en écho, dans un besoin compulsif de garder trace des voix, tout autour, qui s'envolent et s'assèchent.

Je résumerai donc : je ne suis pas vraiment une *francophone voice* ou, si je le suis, dans mon activité publique, c'est comme universitaire, ce serait quelquefois comme commentatrice de mon travail, de mes textes.

Je suis, sans nul doute, une femme d'éducation française, de par ma formation, en langue française, du temps de l'Algérie colonisée, et si j'ajoute aussitôt « d'éducation française » et de sensibilité algérienne, ou arabo-berbère, ou même musulmane lorsque l'islam est vécu comme une culture, plus encore que comme une foi et une pratique, alors je suis bien une « femme francophone » dans mon activité intellectuelle et critique.

Serait-ce cela, écrire ? Non, je dirais plutôt « transmettre, enseigner, communiquer » et chercher – sur le tard – à sortir des limites géographiques de la langue française pour analyser, discuter, mettre en question cette notion ambiguë de *francophonie* – notion pas toujours littéraire, ni même culturelle, et qui, dans maints pays d'Afrique, a encore partie liée avec le politique. Disons en bref que, sur ce territoire linguistique de ladite « francophonie », je me place, moi, sur les frontières...

Une francophonie en constant et irrésistible déplacement, pourquoi pas ?... Tester sa vitalité, hors la généalogie et bien loin d'un ancien Empire démantelé...

Parler donc de la francophonie, de son sens, de son état de santé, de son avenir, plus souvent en Europe ou en Amérique du Nord qu'en France, certes, je le fais...

En m'interrogeant ainsi, sur la littérature et le cinéma dit francophones, je serais donc une « voix francophone » décidément... Mais comme écrivain ? Ne suis-je pas un écrivain tout court ?

2. J'ai dit que « j'écris à force de me taire ». J'écris pour affronter et lutter contre un double silence. Le mien, celui de ma personne (par exemple, ces dernières années, devant la violence innommable en Algérie, je suis sans voix, sans mots... véritablement autiste).

Et je ne vois pas comment, dans ce cas, on peut « parler sur » l'actualité, la commenter... La tragédie ne se commente pas, elle se rejoue, se revit par la représentation, la remise en présence, en un mot le théâtre. La tragédie pour y quêter un sens ? Alors, on y replonge imaginativement.

J'affronte depuis longtemps une autre sorte de silence, plus insidieux certes – quelquefois, plutôt une retenue, non pas une hésitation, comme un fléchissement qui serait, à vrai dire, un peu encombrant pour la langue française –, il s'agit du silence inscrit dans ma généalogie maternelle... Il me semble qu'écrire en français, pour moi, ce n'est pas seulement plonger dans la pâte d'une autre langue, non, plutôt surgir d'abord, brusquement, hors d'une pénombre, pour aborder cette clarté-là !...

La mise à l'ombre séculaire des femmes en islam, comme cela paraît tellement étranger à ces odalisques du XVIIIe siècle et du XIXe, qui posaient, qui circulaient dans l'imaginaire européen – et d'autant plus que, le fantasme persistant, l'image de volupté et de faux abandon était justement muette, « sans voix »...

L'orientalisme ne serait ni francophone ni anglophone, il aurait tué la voix... Il était avant tout regard venu d'ailleurs : il rendait objet – objet de désir, mais objet – l'être qui tentait de parler, de s'essayer à parler à l'Autre, à l'étranger...

L'écriture serait, dès son surgissement, une parole silencieuse en mouvement, qui prolongerait un corps, visible autant à autrui qu'à soi-même.

Aussi, une écriture véritable et au féminin, dans les pays musulmans de ce prochain XXIe siècle, ne pourra s'approfondir et se développer qu'à partir du corps libéré (ou en train de se libérer) de la femme...

En conclusion, écrire, c'est-à-dire écrire un texte qui devient « littéraire » :

– par sa complexité, ou, au contraire, par son apparente simplicité, par sa limpidité, ou simplement sa musique,

– un texte de plusieurs strates de couleurs qui s'annulent, écrire donc n'est pas simplement témoigner.

Ecrire se fait aujourd'hui, pour moi, dans une langue, au départ, non choisie, dans un écrit français qui a éloigné de fait l'écrit arabe de la langue maternelle ; cela aboutit, pour moi, non pas à ma voix déposée sur papier, plutôt à une lutte intérieure avec son silence porteur de contradictions et qui s'inscrit peu à peu ou d'emblée dans l'épaisseur d'une langue, la plus légère, la plus vive ou n'importe laquelle ! Simplement mise à disposition ; dans mon cas, le français.

Je terminerai en affirmant que, écrivain en langue française, je pratique sûrement une *franco-graphie.*

Francophonie, alors qu'est-ce à dire ?

Les multiples voix qui m'assiègent – celles de mes personnages dans mes textes de fiction –, je les entends, pour la plupart, en arabe, un arabe dialectal, ou même un berbère que je comprends mal, mais dont la respiration rauque et le souffle m'habitent d'une façon immémoriale.

Peut-être même, pendant longtemps, me suis-je sentie portée le plus souvent par des voix non françaises – elles qui me hantent et qui se trouvaient être souvent voix ennemies du français, puisque celui-ci fut si longtemps langue de l'occupant – pour les ramener, elles, justement en les inscrivant et je devais, obscurément contrainte, en trouver l'équivalence, sans les déformer, mais sans hâtivement les traduire...

Oui, ramener les voix non francophones – les gutturales, les ensauvagées, les insoumises – jusqu'à un texte français qui devient enfin mien. Ces voix qui ont transporté en moi leur turbulence, leurs remous, davantage dans le rythme de mon écrit, dans le style de narration que je ne choisis pas vraiment, dans la non-visualisation qui serait ma tentation, dans le cadrage des corps, dans...

Oui, faire réaffleurer les cultures traditionnelles mises au ban, maltraitées, longtemps méprisées, les inscrire, elles, dans un texte nouveau, dans une graphie qui devient « mon » français.

En somme, écrire au Maghreb, ce serait aujourd'hui :

– pour les Français dits « pieds-noirs », écrire avec une oreille et une voix françaises, pour certains un français avec échos d'espagnol, d'italien, de maltais, etc.

– pour les autres, les autochtones, inscrire un français légèrement dévié, puisque entendu avec une oreille arabe ou berbère, écrire tout contre un marmonnement multilingue.

L'entre-deux-langues et l'alphabet perdu

1. Pourquoi l'entre-deux-langues ? Pourquoi pas l'entre-langues, au pluriel ?

Pourquoi pas *« sur les marges »* de la langue (de n'importe quelle langue, celle qu'on prend à la va-vite, celle qu'on a sous la main), sur les marges donc et refuser d'aller jusqu'à son centre, à son moyeu, à son feu...

Rester sur les marges d'une, de deux ou trois langues, frôler ainsi le hors-champ de la langue et de sa chair, c'est évidemment un terrain-frontière, hasardeux, peut-être marécageux et peu sûr, plutôt une zone changeante et fertile, ou un *no man's land,* ou...

En tout cas, c'est ce qui sépare, ce qui lie et divise à la fois, dans chaque langue, l'écrit et l'oral.

Entre-deux-langues, pour un écrivain ne pouvant être autrement qu'écrivain, c'est se placer dans l'aire nerveuse, énervée, désénervée, douloureuse et mystérieuse de toute langue : situation souvent fréquente pour les écrivains ex-colonisés, des terres de l'Empire français, anglais, espagnol, hollandais ou portugais d'hier...

2. *« Sur les marges »* de la langue à traverser et à inscrire, ce serait la seule marche, notre seul mouvement profond, au

creux même de la langue-en-action : les mots qui s'écrivent et qui se crient au-dessus du vide, du vertige, de la catastrophe tout contre nous, ou si proche, si visible là-bas...

C'est le grondement de la parole vive (de soi, ou en soi à partir des fantômes des morts, ou en soi dans le grondement informe du sang des nôtres...). Ce gargouillis – de la colère, de l'impuissance, de la blessure – l'informe qui cherche sa forme, c'est-à-dire une langue avant qu'elle ne se place, qu'elle ne se dépose, qui frémit pour prendre envol – ce gargouillis qui sourd, qui enfle, au risque de vous étouffer, de pourrir, de vous pourrir et qui, par chance, devient langue.

Langue mais ni gel, ni glace, ni même encre
Langue qui coule
Et qui coud les blessures...

N'importe laquelle des langues après tout – la maternelle avec son lait, celle des autres avec sa mémoire amère, ou une autre de hasard, comme une fille légère, celle dont on saisit la main avec hâte et fièvre, celle dans laquelle la voix, comme une voix d'enfant, bafouille et titube.

Et toujours, et à chaque fois, le bruit de la parole pas encore discours, et qui devient (après un saut, un trou, un élan dans l'inconnu), qui devient phrase liée et déliée, écrite, fixée enfin, et silencieuse.

Le bruit se calme soudain quand l'écrit en rend compte, et le boit, et l'éteint. Le bruit ? La postface de *Oran, langue morte,* mon récent recueil de nouvelles – textes, pour la plupart, d'écoute de l'Algérie violente et sanglante d'aujourd'hui –, ma postface s'intitule : « Le sang ne sèche pas dans la langue ».

Est-ce que cela voudrait dire que, n'étant entièrement que langue, nous ne sommes finalement que souffrance ? Et pourquoi pas que musique ? Que souffles ?

3. Est-ce que je contredis ce que je proposais juste avant : l'informe du bruit non encore dit, de l'amont de l'écrit non encore fixé, se calmerait au contraire, sitôt que dans une langue offerte la première, les mots, comme des hirondelles, se poseraient palpitants sur un fil, en plein air, au soleil ?

Langue écrite donc, mais jamais cernée... Langue écrite qui peu à peu se calme, se pacifie...

Vous voyez : nous croyons parler de langues, de bilinguisme, de multilinguisme. Or, dès que nous scrutons « l'entre-deux-langues » ou « l'entre-des-langues », nous rouvrons les fosses, nous découvrons les fondrières, nous bousculons les tombes, nous éparpillons les cendres.

Car, de toute façon, sans le vouloir et même s'il n'y a pas de tragédie, nous affrontons malgré nous les morts, ceux de notre généalogie, la plupart morts la bouche béante, parce que sans langue vive, ou ayant vécu trop longtemps dans un « entre » obscur, dans le passage des mots, qui alors n'a rien fait passer, a simplement happé des ruptures, n'a jamais trouvé les gués, les écluses, et pour finir le métissage.

Il s'agit pour nous de tester, dans chaque pays ou dans chaque culture qui refleurit à l'air libre, après une période de grandes violences ou de tempêtes meurtrières, il s'agit d'expérimenter le passage entre les langues...

S'il ne permet pas le flux, le courant, la navigation des corps, des voix, des yeux, des musiques, alors l'échec est là, qui coagule, qui bloque, qui pousse à la destruction.

C'est celui, hélas, de mon pays, l'Algérie pantelante : par phobie de la deuxième langue, de la troisième, par déni d'un multilinguisme inscrit dans notre culture depuis l'Antiquité (culture populaire et culture savante), par crainte donc du multiple à l'infini des formes, mon pays, sous véritable dictature culturelle, a été harcelé par un monolinguisme pseudo-identitaire : une seule langue revendiquée comme une armure, une carapace, un mur !...

Alors le meurtre surgit, le sang gicle, le refus de l'entre-deux des paroles et des langues en mouvement fait plonger dans un antre obscur. La goule – c'est-à-dire la mort vorace – rejoue son rôle funèbre.

Un tel pays, dès lors, se plombe et s'obscurcit – pays soudain muet et aux yeux vides.

4. Ainsi, dans l'entre-deux-langues de mon titre, il y a d'abord « l'entre », le *between,* mais pour faire un jeu de mots facile en français, si cet « entre-*between* » devient « antre », un antre – en anglais *a cave* – c'est-à-dire un ventre noir, une cave obscure, comment s'enfantera peu à peu un écrit pour les créateurs ?

Comment la langue écrite, s'avançant dans le *between,* mais évitant l'« antre/cave », pourrait-elle se calmer, vivre dans l'aventure des possibles ?

J'ai parlé aussi d'un « alphabet perdu » : dans mon roman *Vaste est la prison,* il s'agit de l'alphabet de la langue berbère, la langue première et païenne, elle toujours vivante, depuis les îles Canaries autrefois jusqu'à Siwa, en Egypte ; or cet alphabet, depuis le IIe ou IIIe siècle de notre ère jusqu'au XIXe siècle, a été oublié, sauf chez les Touaregs.

La deuxième partie de ce roman reconstitue les circonstances, au milieu du XIXe siècle, du déchiffrement de cet alphabet « tifinagh », de son mystère enfin levé... Mais cet alphabet, aussi ancien que l'alphabet étrusque, que les runes du nord de l'Europe, alphabet donc d'âge millénaire, mais support d'une langue encore vivante – « notre » alphabet est évoqué ici comme métaphore !

En effet, toujours entre deux langues, se profilent la perte, l'absence et quelquefois même l'oubli de cette perte (qui devient alors perte absolue) ; derrière deux langues, presque toujours subsiste l'aile de quelque chose d'autre, de signes suspendus, de dessins rendus hagards de sens, ou allégés de leur lisibilité : ces deux langues (pour moi, l'arabe, langue maternelle avec son lait, sa tendresse, sa luxuriance, mais aussi sa diglossie, et le français, langue marâtre l'ai-je appelée, ou langue adverse pour dire l'adversité), ces deux langues s'entrelacent ou rivalisent, se font face ou s'accouplent mais sur fond de cette troisième – langue de la mémoire berbère immémoriale, langue non civilisée, non maîtrisée, redevenue cavale sauvage...

Langue de Jugurtha à demi effacée parfois, celle de la nuit des temps qui, séparée de son alphabet, s'en va, affranchie de toute nécessité d'écriture... Celle-ci tourne le dos à l'entre-deux-langues écrites, et savantes.

La troisième donc emporte son trésor à demi ébréché, de légendes, de contes, de mythes, de proverbes, d'une poésie dilapidée, dépensée de plus en plus dans les sables, ou la solitude, ou surtout dans le regard des femmes encore méprisées...

5. Et, pour finir, je pense aux vers de Mallarmé :

Indomptablement a dû
Comme mon espoir s'y lance
Eclater là-haut perdu
Avec furie et silence.

L'entre-langues, aujourd'hui, en Algérie, ce serait vraiment « avec furie et silence ».

L'enjeu de mon silence

1. J'ai publié quatre romans entre vingt et trente ans : 1957-1967. Puis mes nouvelles *Femmes d'Alger dans leur appartement* ont paru en 1979. Pourquoi ces années de silence ? Si longtemps après, je peux analyser assez clairement le pourquoi de cette longue station : hésitations ou maturation ?

La pertinence de cette interrogation a posteriori ne relève pas d'un certain égotisme. Elle est justifiée par le fait que mes œuvres « de jeunesse » sont d'avant 1968, et qu'après 1978 il y a un second cycle de mes nouvelles et romans à caractère disons plus ample, ou en tout cas de maturité...

Serait-ce que cette mutation n'est venue que l'âge arrivant, ou plutôt par suite du déroulement de ces dix ans de silence ? En me remémorant ces années, que j'ai appelées « années-tunnel », je m'aperçois qu'elles furent davantage des « années-charnière »...

Car ce silence a été non vraiment d'écriture, mais fait de tentatives d'écritures diverses, de nature différente, de disciplines multiples – théâtre, enquêtes sociologiques en terrain rural algérien, tournage de cinéma...

Ces dix années de non-publication littéraire ont donc servi à cela : chercher, sinon à sortir de mon français, langue d'écriture, du moins à l'élargir, et pour finir à y revenir dans un total libre arbitre, consciente enfin de la nécessité d'inscrire dans la pâte même de ma langue française, ainsi que dans la structure romanesque, tous les tenants de mon identité personnelle.

2. En dehors même de cet élargissement de ma pratique narrative (autant fictionnelle que « documentaire »), il y a eu ainsi en moi, durant ces dix années, un *véritable enjeu* de ce silence, et de sa traversée...

Les allers et retours entre la littérature et le travail cinématographique m'ont influencée. Le cinéma m'amena à la confrontation avec le corps même de la langue maternelle, en usage, jusque-là en moi, presque exclusivement familial : le dialecte maternel me permettait, il est vrai, la jouissance surtout musicale (poésie ancienne chantée avec la musique traditionnelle savante, dite andalouse, mais aussi le chant bédouin du Sud et d'autres régions maghrébines).

En 1975 et 1976, durant des repérages dans ma tribu maternelle, je fus sensible à un « arabe des femmes », de telle sorte que la diglossie de départ (dialecte utilisé familialement d'une part, arabe littéraire d'autre part, dont je voudrais le rapprocher), cette diglossie que je dirais « verticale », se trouve doublée par une séparation qui me semble « horizontale », une véritable fissure secrète correspondant à la ségrégation sexuelle du quotidien.

Il s'agit d'une « langue des femmes » à usage parallèle, le plus souvent clandestin et occulte, par rapport à l'arabe ordinaire, celui de la communauté (pour ne pas dire la « langue des hommes »).

Dans mon écoute d'alors, je me mis à repérer quelques-unes de ces réticences, de ces retenues, ou de ces litotes du parler des femmes – y compris la résurgence, par instants, de la langue berbère qui réapparaît spontanément aux forts moments d'émotion, pour ainsi dire presque comme une langue du refoulé (parfois dans la bande-son de mon film : *La Nouba des femmes du mont Chenoua*).

A partir d'environ vingt heures de conversations enregistrées, au cours de cet été 1975, dans les montagnes de mon enfance, je ne finis par retenir, à l'arrivée, c'est-à-dire au montage de mon film, que cinq extraits de témoignages, chacun d'environ trois minutes, seulement !...

De tout ce matériel sonore, apparemment non utilisé, je me suis nourrie les années suivantes : autant pour élaborer la fin de mon roman *L'Amour, la fantasia* que surtout pour prendre enfin conscience vivacement de mon horizon d'écrivain !...

Ce particularisme féminin de mes langues d'origine (celle que je parle couramment : le dialecte arabe de ma région et le berbère perdu mais pourtant non effacé) me fut comme une mémoire sonore ancienne qui resurgissait en moi et autour de moi, qui me redonnait force – voix âpres, livrant si souvent la peine, le chagrin, la perte, et pourtant rendant présente, à mon oreille, une telle tendresse maternelle, une solidarité si profondes, qu'elles m'empêchent de vaciller, encore maintenant.

3. Cet enjeu de ma traversée de ce silence littéraire – sur dix années, de mes trente à quarante ans – se double d'un autre « entre-deux ».

Le son arabe – et quelquefois berbère – de ma mémoire d'enfance, ainsi que de ma vie familiale, avait marqué certes le style de mes quatre premiers romans – ou, au moins, leur « non-dit », une sorte de blanc, qui se devinait tout autour...

Ainsi, je décidai entre 1975 et 1977 d'« écrire pour le cinéma », et ce à partir d'un son enregistré, d'un son écouté, réécouté – en somme d'une présence hyperbolique de la parole féminine, une parole plurielle des femmes jusque-là anonymes, mais elles, avant moi, se remémorant – je pourrais dire : elles, me donnant l'exemple du souvenir à ressusciter et, pour cela, me transmettant sa tonalité, son « bruit » le plus tenace, le plus profond... Où la voix rejoint la langue, en la portant, en lui redonnant naissance !...

Mon écoute d'alors – qui n'était au départ que repérage apparemment ordinaire de travail audiovisuel – m'introduisait peu à peu à un véritable art poétique : le mien, tissé et construit grâce à elles, les paysannes et les femmes, jeunes et vieilles, de la tribu de ma mère.

Un « entre-deux » certes, entre littérature écrite et cinéma, mais surtout une immersion totale en généalogie féminine...

D'avoir ensuite – pendant huit mois chaque jour – travaillé au montage, pour retrouver un « arabe moderne » écrit puis rejoué – c'est-à-dire reprojeté en espace – m'a poussée à accentuer le poids du son, du vocal, de la langue féminine avec ses degrés d'intensité (du chuchotement au cri, au soliloque, au monologue, au dialogue, à la clameur, aux stridulations...).

C'est par ce long détour, ces retours en cercles, ce labyrinthe de la voix, que mon écriture en langue française est devenue une francophonie où graphie et oralité se répondent comme deux versants face à face. Comme si la (ou parfois les) langue maternelle perdue à l'écrit, dans un premier temps, revenait par un écho plus vibrant, multiplié, intensifié du fait de ce travail au son direct dans le début de mon expérience de cinéma : confrontation sur la durée avec des femmes de ma terre d'enfance, femmes de tous âges (ancêtres, jeunes femmes ou même fillettes) me lançant continûment leur parole de véhémence, leurs éclats de voix, leurs rires, leurs souffles, leurs soupirs avalés, en un mot *leur langue en mouvement,* la vie même et les pulsations de leur seule liberté : à chacune, sa parole.

4. Ma francophonie d'écriture est le résultat de cette rencontre bipartite, mon français – de l'école, celui de mon père, de ma liberté acquise au-delà de la puberté et par ma formation individuelle –, ce français écrit qui aurait pu s'éloigner peu à peu de mes racines, de ma communauté féminine d'origine, s'est trouvé au contraire, au cours de ces années d'apparent silence, propulsé, remis en mouvement (d'un mouvement secret, intérieur), dynamisé dans l'espace, grâce justement à cette *résonance* de mon écoute orale des femmes, dans les montagnes du Chenoua, au cours des années 75, 76 et 77.

Fut-ce un ressourcement ? En 1979, quand je me réinstalle à Paris pour écrire (je commence la nouvelle-titre « Femme d'Alger dans leur appartement » juste après avoir, avant de partir, écrit d'un jet la nouvelle « La femme qui pleure »), je prends conscience de mon choix définitif d'une écriture francophone qui est, pour moi alors, *la seule de nécessité :* celle où l'espace en français de ma langue d'écrivain n'exclut pas les autres langues maternelles que je porte en moi, sans les écrire.

Au contraire, dorénavant, à partir de 1979, parce qu'entourée, « portée » aussi, mais par instants cernée par ces voix de femmes invisibles – les vivantes, les disparues, mais toujours présentes –, je suis volontairement une écrivaine francophone.

La courte préface et la postface (celle-ci intitulée « Regard interdit, son coupé ») de mes nouvelles *Femmes d'Alger dans leur appartement* représentent alors, dans cette transmutation du tournant de 1980, mon « art poétique » : écrire, et en français, ne peut être qu'en me situant « à côté, tout contre » les femmes et il ne peut s'exercer qu'entre le voir et la saisie des voix féminines risquant, à tout moment, d'être ensevelies.

Interdit du corps visible, étouffement des voix : pour conjurer ce double risque, creuser mon chemin personnel le long de ces dangers et face à cet horizon multiple et mouvant à reconquérir !

Ainsi ma francophonie – au sortir de ces dix années de quête, de recherches souvent dans le noir, de tentatives polyphoniques – ne peut se situer dorénavant que dans cet élargissement du champ. Ma francophonie, de cette façon assumée, ne peut que voguer à travers mutations et mouvances.

Je prétends appeler cette pratique francophone un chemin à creuser, à inventer, à travers les risques collectifs et en maintenant mon exigence de rigueur ou, pour le dire autrement, mon besoin d'architecture.

Ecrire dans la langue de l'autre

1. *Romancière de langue française,* c'est ainsi que je pourrais me présenter aujourd'hui, les mains en avant en geste d'offrande, et qu'ai-je à offrir après être entrée en littérature, il y a maintenant plus de trente années, sinon six romans, un recueil de nouvelles, une pièce de théâtre et un court recueil de poèmes, chaque exemplaire de ces ouvrages dans une main (disons la main droite puisque, écrivant, je ne suis pas « la femme gauchère ») et dans la main gauche deux rouleaux de pellicule couleur 16 mm (de 1 500 mètres et 800 mètres), correspondant aux deux films long-métrage que j'ai écrits et réalisés...

Ainsi est ma petite récolte dans mon âge de femme, qui est de maturité ; où serait pour moi la différence avec n'importe quelle autre femme, du même âge que moi et qui se présenterait avec, par exemple, quatre enfants adultes et deux ou trois autres plus jeunes, peut-être même avec un ou deux petits-enfants sur le devant du groupe ; et ce serait là œuvre humaine...

Mais aujourd'hui, il y a ma parole présente : et ma parole est de langue française. Je suis femme, et de « parole française ». Cette parole certes aurait pu se déployer sur un autre registre – en arabe, ou éventuellement dans une autre langue : il n'en reste pas moins que mon écriture, dans son texte original, ne peut être que française.

Ainsi ma parole, pouvant être double, et peut-être même triple, participe de plusieurs cultures, alors que je n'ai qu'une seule écriture : la française.

Autrefois l'on disait : « Je suis homme (ou femme) de parole », on affirmait aussi : « Je n'ai qu'une parole » et le sens en était reçu presque en termes d'honneur, eh bien, je choisis de me présenter sommairement devant vous par cette affirmation : « Je suis femme d'écriture », j'ajouterai presque sur un ton de gravité et d'amour :

– *Je n'ai qu'une écriture : celle de la langue française,* avec laquelle je trace chaque page de chaque livre, qu'il soit de fiction ou de réflexion.

2. Je suis femme algérienne, mais je devrais faire référence plutôt qu'à la terre natale, du moins à la langue des aïeux et des aïeules : « je suis femme arabo-berbère », et en sus « d'écriture française ».

Depuis mon premier roman, trente ans se sont écoulés, qui ne changent rien à l'identité, quand celle-ci est de papier, de passeport, d'appartenance de sang et de sol.

Pourtant, trente ans après, je le constate : je me présente en premier comme écrivain, comme romancière, comme si l'acte d'écrire, quand il est quotidien, solitaire jusqu'à l'ascèse, venait modifier le poids de l'appartenance. Parce que l'identité n'est pas que de papier, que de sang, mais aussi *de langue.* Et s'il semble que la langue est, comme on dit si souvent, « moyen de communication », elle est surtout pour moi, écrivain, « moyen de transformation », dans la mesure où je pratique l'écriture comme *aventure.*

En mai 1982, à Ottawa, lors de mon premier séjour au Canada, j'avais à intervenir dans un congrès de littérature française. J'avais, je me souviens, réfléchi très tôt le matin, peu avant le moment prévu pour mon intervention.

J'avais, dans l'urgence de ma prise de parole publique, découvert soudain cette évidence :

J'ai utilisé jusque-là la langue française comme voile. *Voile sur ma personne individuelle, voile sur mon corps de femme ; je pourrais presque dire voile sur ma propre voix.*

Et j'avais évoqué (l'effort d'anamnèse se déclenchant, ce matin-là, à Ottawa) mon expérience de petite fille sortant dans la rue avec une dame (ma mère), citadine enveloppée de son voile de soie blanc, une voilette de gaze brodée sur le visage, et moi, fillette à la main accrochée au pan rêche de la soie immaculée, prenant conscience des regards voyeurs des villageois sur cette citadine voilée qui se rendait, chaque jeudi, au hammam...

Voile non de la dissimulation ni du masque, mais de la suggestion et de l'ambiguïté, voile-barrière au désir certes, mais aussi voile subsumant le désir des hommes...

Ainsi pour moi, en une première étape de mon trajet d'écrivain : l'écriture, je la voulais loin de moi, comme si dans ses creux, ses pleins et ses déliés, je me cachais plutôt en elle, consciente de la curiosité extralittéraire en quelque sorte que mes écrits pouvaient susciter au préalable – un peu, après tout, comme la silhouette citadine maternelle défilant au centre du village, devant les paysans...

J'avais ensuite tenté d'expliquer, pour ceux ou celles qui avaient lu mes textes les plus récents (notamment alors *Femmes d'Alger dans leur appartement*), combien j'avais payé le prix de cette ambiguïté : par dix ans environ de non-publication, vécue comme un mutisme volontaire, je pourrais presque dire comme une soudaine aphasie... Comme si je tentais, empêtrée dans ce voile de soie évoqué symboliquement, de sortir de la langue française sans toutefois la quitter ! D'en faire le tour extérieurement, puis de choisir d'y re-entrer.

Y repénétrer comme hôtesse, sinon comme occupante avec droit d'hérédité.

Ainsi, le français est en train de me devenir vraiment maison d'accueil, peut-être même lieu de permanence où se perçoit chaque jour l'éphémère de l'occupation. Mais enfin, j'ai fait le geste augural de franchir moi-même le seuil, moi librement et non plus subissant une situation de colonisation.

Si bien que cette langue me semble désormais maison que j'habite et que je tente de marquer chaque jour – tout en sachant que le sol qui la porte, je n'y ai pas droit d'emblée. Mais si je ne prétends pas au *jus soli,* du moins, au risque d'un jeu de mots facile, je peux rechercher mon droit non de sol, mais de soleil !...

Car, tandis que mes personnages, autant dans *Femmes d'Alger* que dans le dernier roman publié *(Ombre sultane),* luttent contre le voile traditionnel, tentent de l'enlever et s'en embarrassent encore, moi comme auteur, j'ai trouvé dans cette écriture mon espace.

Espace de femme qui inscrit à volonté à la fois son dedans et son dehors, son intimité et son dévoilement, autant son ancrage qu'a contrario sa navigation... Ecriture qui aurait pu signifier historiquement mon exterritorialité, et qui devient pourtant peu à peu mon seul véritable territoire.

3. *« Langue de l'autre »,* ai-je annoncé. Après 1982, en écrivant pendant deux ans *L'Amour, la fantasia,* premier volet d'un quatuor romanesque qui se veut « quête d'identité » et qui s'avoue semi-autobiographique, je me suis demandé : cette langue de l'autre, que représente-t-elle pour moi ? Par quel processus est-elle entrée si profond en moi ? Est-ce au

point que je devienne l'« autre » dans ma société, est-ce au point que je puisse saisir la part « autre », l'étrangeté incluse inévitablement dans un groupe d'origine ?... Oui, que fut pour moi la langue de l'autre, moi qui, à vingt ans juste, entre dans la littérature quasiment les yeux bandés, et pourtant me sentant comme inondée de lumière ?

La première phrase de ce livre, *L'Amour, la fantasia,* y répond, je dirais d'emblée – et certes, à toute question des fondements, de multiples réponses viennent y mourir, successives vagues sur le sable du rivage, sans épuiser cette interrogation-là. Oui, ma première réponse, d'évidence, fut la main du père :

« Fillette arabe allant pour la première fois à l'école, un matin d'automne, main dans la main du père. »

Pourrai-je, quant à moi, rappeler la situation de tout enfant émigré d'aujourd'hui, en Europe ou au Canada, allant à l'école et se socialisant peu à peu dans la langue du pays d'accueil, dans la « langue du dehors », dirais-je ; cet enfant rentre chaque jour chez lui et il retrouve la mère le plus souvent, le père aussi quelquefois, parlant dans la *langue d'ailleurs,* celle de la rupture et de la séparation. C'est dans cette langue qu'il *entend* la mère, son de l'origine, quelquefois sans pouvoir y répondre... Comme si l'Absence, en tant qu'absence en lui-même, l'interpellait... Car il a été trop vite précipité dans la *langue d'ici* – langue de l'autre, langue du dehors, et par contraste intime, langue devenue celle de « l'ici et de maintenant ».

Imaginons quel tangage fragile, quel déséquilibre imperceptible, quelquefois quel risque sournois de vertige – sinon de schizophrénie – s'introduit dans cette précoce identité...

Mon enfance, j'ai voulu la raconter, partagée plus équitablement entre deux langues, ma partition intérieure rappelant plutôt en parallèle la division entre le monde des femmes cloîtrées et le monde des hommes, hommes autochtones autant qu'étrangers... J'ai découvert alors que, pour moi, fillette nubile qui ne serait jamais cloîtrée, le français qui fut un siècle durant langue des conquérants, des colons, des nouveaux possédants, cette langue s'était muée pour moi en *langue du père.*

Le père m'avait tendu la main pour me conduire à l'école : il ne serait jamais le futur geôlier ; il devenait l'intercesseur. Le changement profond commençait là : parce qu'il était instituteur de langue française, il avait assumé un premier métissage dont je serais bénéficiaire :

« Après plus d'un siècle d'occupation française – qui finit, il y a peu, par un écharnement – un territoire de langues subsiste entre deux peuples, entre deux mémoires ; la langue française, corps et voix, s'installe en moi comme un orgueilleux préside, tandis que la langue maternelle, tout en oralité, en hardes dépenaillées, résiste et attaque, entre deux essoufflements. »

4. *« Territoire de langues entre deux peuples »,* ai-je constaté : cette langue commune à partager avec d'autres migrants, venus d'autres cultures et d'autres langues, comment – quand on choisit ou quand on est poussé à écrire – oui, comment cette langue ainsi appropriée « se comporte-t-elle » pour ainsi dire, à l'usage, sous la main du scripteur « professionnel » ?

Je répondrai en avançant l'idée que, lorsqu'on est écrivain mais récemment arrivé dans la langue – disons sans l'hérédité culturelle qu'elle véhicule –, écrire dans la langue de l'autre, c'est très souvent amener, faire percevoir « l'autre » de toute langue, son pouvoir d'altérité.

Je m'explique. En 1982, je sortais d'un second travail de cinéma, très particulier : à partir d'images d'archives de cinéma, reconstituer un passé récent maghrébin... Non plus comme une simple illustration historique, non comme un commentaire sonore d'images remises dans une continuité chronologique : non.

Je sentis assez vite que ceux qui photographiaient, qui prenaient des images d'hier, avaient un regard « autre » (un regard, dirais-je, de « touriste »). Ils prenaient tout, c'est-à-dire rien d'essentiel. Parce que alors l'essentiel était clandestin, caché, hors champ...

Reconstituer sur un écran quelques décennies d'un peuple colonisé, c'était faire sentir combien le réel, à chaque image, était en marge, comment tout, autrefois, à peine vu, se vidait de son sens... En somme, ces images cachaient le passé, en proposaient une sorte d'écran déformateur, illusoire...

Comment pourtant tenter d'approcher cette « identité » d'un passé révolu ? Le son, *sous* les images, ne pouvait être commentaire, il devait combler un vide, faire sentir ce vide... Il devait « dénoncer », alerter, sans être polémique ni même « engagé ». Je compris donc que, par le son, je devais ramener, suggérer, peut-être ressusciter *les voix invisibles,* celles de ceux qu'on n'avait pas photographiés, parce qu'ils se tapissaient dans l'ombre, parce qu'ils étaient dédaignés...

La mémoire est voix de femme,
nuit après nuit
nous l'étranglons
sous le lit
d'un sommeil de plomb !

chantait une comédienne, sous le corps des premières femmes maghrébines photographiées en couleur, au début des années vingt...

5. Et j'en reviens à cet « autre » de toute écriture.

Ainsi, de ce travail sur la mémoire visuelle (neuf mois en cabine de montage, à manipuler de la pellicule, mais aussi avec des musiciens à faire chanter, à faire reprendre par bribes les chants populaires anonymes...), je compris que pareillement, en littérature, l'occulté, l'oublié de mon groupe d'origine devait être ramené à la clarté, précisément dans la langue française.

Pour tout le XIXe siècle algérien, siècle d'affrontements, de violences, d'effervescence, nul peintre de batailles n'avait suivi les ancêtres qui luttaient, qui caracolaient au soleil pour affronter et pour mourir... Je sentis en moi l'urgence de lever ces images et ce, pourtant, en mots français.

Ainsi, dans la langue dite de l'autre, je me trouvais habitée d'un devoir de mémoire, d'une exigence de réminiscence d'un ailleurs, d'un passé mort arabo-berbère, le mien... Comme si l'hérédité de sang devait être transmuée dans la langue d'accueil : et c'est en fait cela le vrai accueil, pas seulement franchir le seuil chez l'autre...

Ainsi, pour moi, mon fil d'Ariane devenait mon oreille... Oui, j'entendais arabe et berbère (les plaintes, les cris, les youyous de mes ancêtres du XIXe siècle), je les entendais vraiment et cela, pour les ressusciter eux, les barbares, dans la langue française.

Si bien qu'écrire devient inscrire, transcrire, écrire en creux, ramener au texte, au papier, au manuscrit, à la main, ramener à la fois chants funèbres et corps enfouis : oui, ramener l'autre (autrefois ennemis et inassimilables) dans la langue.

Ai-je pu faire sentir ce que fut pour moi ce travail d'exhumation, de déterrement de « l'autre de la langue » ? Peut-être qu'un écrivain fait d'abord cela : ramener toujours ce qui est enterré, ce qui est enfermé, l'ombre si longtemps engloutie dans les mots de la langue... Ramener l'obscur à la lumière.

6. En conclusion, je pourrais m'interroger : vivre sur deux cultures, tanguer entre deux mémoires, deux langages, ramener ainsi dans une seule écriture la part noire, le refoulé, finalement, à quel changement cela m'amène-t-il ?

Suis-je vouée à être une femme de transition, l'écrivaine du passage, à délivrer un message sur deux canaux (si bien qu'au lieu de la double fidélité c'est la double dérive, ou même la double « trahison » qui m'attend) ?... Ne plus écrire, au risque de, peu à peu, ne plus parler *les mots de la tribu* (selon le très beau roman italien de Nathalia Ginsburg), ce serait ne plus jamais être de quelque tribu, de quelque groupe, sans pouvoir, en fait, additionner deux passés, deux richesses ?

Déplacement progressif, déracinement lent et à l'infini, sans doute : comme s'il fallait s'arracher sans cesse. S'arracher en se retrouvant, se retrouver parce que s'arrachant...

Qui suis-je ? J'avais répondu au début : d'abord une romancière de langue française... Pourquoi ne pas terminer en me reposant la question à moi-même ? Qui suis-je ? Une femme dont la culture d'origine est l'arabe et l'islam... Alors, autant le souligner : en islam, la femme est hôtesse, c'est-à-dire passagère ; risquant, à tout moment, la répudiation unilatérale, elle ne peut réellement prétendre à un lieu de la permanence.

Ainsi, dans une religion qui commence avec une émigration quasiment sacralisée, la femme devient une émigrante constante, sans point d'arrivée, et pour cela créature méritant à la fois le meilleur et le pire ! Le meilleur symboliquement, le pire historiquement.

Pour ma part, bien qu'écrivant chaque jour dans la langue française, ou justement parce qu'écrivant ainsi, je ne suis en fait qu'une des femmes de cette multitude-là... Simplement une *migrante.* La plus belle dénomination, je crois, en culture islamique.

La langue dans l'espace ou l'espace dans la langue

L'entre-deux-langues, j'y suis comme écrivain depuis trente ans, dans un tangage-langage – comme dirait Michel Leiris – qui détermine jusqu'à mes résidences géographiques. Un aller-retour entre France et Algérie et vice versa, sans savoir finalement où est l'aller, vers où aller, vers quelle langue, vers quelle source, vers quels arrières, sans non plus savoir où se situerait le retour, retour certes impossible et mythique de l'émigrée, mais aussi retour vers un passé originel, vers la langue – origine d'une mère rendue sourde et muette. Non : un retour à venir, un retour-horizon qui à nouveau vous expulse.

Et c'est ainsi que l'autre langue – parce que c'est l'une, parce que c'est l'autre ou simplement l'entre-deux inconfortable, enserré, étroit par moments à étouffer, la frontière toujours frontière – oui, c'est ainsi que l'autre langue a inscrit sourdement, insidieusement, le rythme de mes lieux, de mon territoire meuble d'ancrage possible. Et je ne crois même plus qu'il y ait encore nomadisme. Comme si la caravane ancestrale perdait, une fois pour toutes, le tracé de son parcours...

Ce tangage entre deux langues s'inscrivant dans mon espace de vie, il me semble en avoir établi un bilan initial dans un premier livre, ouvertement autobiographique : *L'Amour, la fantasia.*

Parler de la matière même de l'écriture, matière bâtarde par cette confrontation intérieure de deux langues se faisant la guerre dans ma conscience, et s'entrelaçant pourtant à l'ombre de la mort des ancêtres, c'était finalement cela pour moi, ce reflux de l'enfance, cette « *fillette arabe allant à l'école française dans un village du Sahel algérien* ».

Aujourd'hui, j'ai un autre bilan, au moins sur ces dernières années, à esquisser : l'écriture en langue française sur une matière islamique, pour mener à terme ce livre *Loin de Médine.*

Matière islamique inscrite, d'abord, en langue arabe.

Certes c'est une langue arabe d'abord de chroniqueurs et d'historiens, quelquefois de témoins oraux, que les *Isnad,* ou chaînes de transmission, rapportent. Il n'en demeure pas moins que l'arabe alors reste langue liturgique, langue coranique. Ces historiens, ces scripteurs des deux premiers siècles précédant les philosophes des siècles suivants – X^e^ au XIIIe siècle de l'ère chrétienne ou IVe au VIIe siècle de l'hégire –, ceux qui vont à leur manière, mais plus tard, transmuer la langue (nous dirions aujourd'hui : la laïciser).

Il est évident que, pour *Loin de Médine,* j'ai pu mettre en mouvement des femmes vivant à l'aube même de la mémoire islamique (que le côté révérencieux de celle-ci a par la suite gelées), que donc ces femmes de l'Histoire ont pu s'inscrire corps et voix dans mon texte, justement parce que la langue – langue hors islam pour l'instant, langue neutre – leur a donné sa dynamique, sa liberté, le moyeu de la roue fictionnelle tournant ainsi incessamment en moi ; parce que la langue française donc, moulant sa pâte en moi pour faire surgir ces héroïnes musulmanes, inscrit son espace hors de la componction de la tradition religieuse, celle-ci enserrée encore dans *mon* arabe.

Puisque je ne pouvais que me placer sur ce territoire –

l'exterritorialité, dans ce cas de la langue française –, j'ai pu me livrer à cette recomposition, à cette réanimation, avec, me semble-t-il, mon imagination toute vive, c'est-à-dire certes enracinée, mais certainement pas entravée.

Ecouter le son, le rythme, le chatoiement des images de l'*autre* langue, celle des chroniques de Ibn Saâd et de Tabari, puis tirer, je dirais grâce aux « trous » du récit premier (surgis autant des difficultés que me présentait cette langue, qu'également de l'ambiguïté, par moments, du texte d'origine), tirer donc cette mémoire féminine, lambeau après lambeau, muscle après muscle, peut-être aussi souffrance après souffrance, en tout cas lien après lien à devoir dérouler, pour ainsi donner vie... en langue française !

Je ne prendrai de mes personnages que deux exemples : l'entrecroisement de la Fugueuse et de la Combattante, deux femmes qui courent dans le désert, parmi la trentaine de femmes ressuscitées de cette aube islamique.

Le désert arabe est donc là, en l'an 7 et en l'an 8 de l'hégire (629 et 630 de l'ère chrétienne) : or voici que cet espace géographique précis inscrit sa matérialité, pour la première fois, en langue française, territoire neutre par excellence, et qu'il libère à nouveau les femmes.

Le triangle linguistique

Le premier grand roman occidental – avec *Le Satiricon* de Pétrone – est *L'Ane d'or ou les Métamorphoses,* écrit au milieu du IIe siècle en latin par Apulée, un Africain qu'on dirait aujourd'hui algérien, puisque né et élevé à Madaure, dans le Constantinois... Ce chef-d'œuvre, qui, dix-huit siècles après, ruisselle de jeunesse, de hardiesse et d'une drôlerie imaginative étonnante, serait donc le premier roman de la littérature algérienne !

Or Apulée, de son vivant, était plus célèbre encore pour son éloquence en langue grecque. Avec son presque contemporain Tertullien (futur « père de l'Eglise », qui écrivit, lui aussi, ses premières œuvres en grec), avec également Augustin deux siècles après, voici les fleurons de la littérature d'Afrique certes latine (qui compta plusieurs dizaines d'autres célébrités, maintenant pâlies). Ces trois hommes, nés tous trois dans l'Est maghrébin, parlèrent dans leur enfance, continuèrent sûrement à pratiquer leur langue maternelle : soit le libyque (nous dirions le libyco-berbère), soit un punique pas encore disparu car l'influence de la culture cartaginoise se maintint des siècles après la chute de Carthage.

S'esquisse, dès cette époque de la *pax romana,* une sorte de polygone des langues : comme si le génie des ex-Numides et Gétules (autrefois irréductibles, devenant Africains apparemment assimilés) évitait de se retrouver face à face avec la langue dominante – le latin de Salluste et de Cicéron. Lettrés et artistes s'agrippent aux assises différentielles : réenracinement berbère, contestation punique par l'ombre du grand vaincu d'hier, éclats préservés de la lumière grecque pour élargir à l'infini l'horizon.

A ce prix, la langue latine, adoptée d'abord comme un corset rude et raide, se forge, se déforme, se trahit et s'invente pour devenir langue créatrice chez nos ancêtres.

Je vois là, dans cette aurore de l'Afrique du Nord, un triangle linguistique s'imposer à nous comme lieu de nécessité à la fois dialectique et ludique pour toute saisie, dans le mouvement et l'altérité acceptée, de l'identité maghrébine.

Une langue d'abord du roc et du socle, le libyco-berbère millénaire (car le punique disparaît dans le raz de marée vandale, puis à la première poussée arabe), cette langue donc, celle de l'origine, sera confrontée à tant d'autres, passantes ou pesantes, elle symboliquement fichée dans la pierre et les grottes au point d'y perdre momentanément son écriture, sauf chez les Touaregs.

En deuxième lieu, la langue du dehors prestigieux est celle de l'héritage du monde, qu'il soit méditerranéen ou oriental (le grec si longtemps chez nous, puis l'arabe à partir du VIIe siècle pour l'Algérie, puis le turc, aujourd'hui le français...). Tandis que la *première langue* s'enracine en se prolétarisant, quelquefois en se ruralisant, la *deuxième langue,* se réservant aux minorités lettrées, devient presque exclusivement langue écrite ou à écrire, comme si l'aphasie en public la saisissait.

Ainsi aujourd'hui pour moi, sur ma terre, le français, littéralement, me devient langue de solitude, peut-être aussi de la vraie aventure...

Enfin, au dernier pôle de ce schéma triangulaire, se présente, des trois langues, la plus exposée, la plus éclairée, la haute, la publique, la première socialement lorsqu'elle est consacrée « langue du pouvoir » : langue des orateurs et des élus du peuple, des harangues, mais aussi langue écrite des légistes, des scribes et des notaires.

Ainsi s'imposa, durant des siècles, le poids du latin, puis de l'arabe classique au temps des dynasties orientales, puis locales ; au XVIe siècle, le turc se cantonna étroitement à un champ administratif et militaire ; de 1830 à 1962, ce fut, en habit d'apparat colonial, le français pratiqué en Algérie coloniale – et, moins lourdement, en Tunisie et au Maroc d'hier –, un français à l'oreille étrangement sourde aux autres langues présentes...

Certes, certaines de ces langues, bien qu'officielles, par une lente transmutation, devenaient langue d'expression individuelle chez quelques-uns : mais la véhémence des *Confessions* d'Augustin l'Africain s'exprime dans la langue de sa foi d'abord.

Dix siècles plus tard, pour Ibn Khaldoun, né à Tunis, écrivant son œuvre de sociologue précurseur en terre algérienne avant de mourir en Egypte, l'arabe est langue des ancêtres autant que celle, plus vaste, des horizons islamiques...

Aujourd'hui ? Il me semble que le risque de durcissement, pour ne pas dire de stérilisation, pointe lorsque les pouvoirs culturels, en affichant un monolinguisme arabe tout théorique, rameutent un faux bilinguisme subi et mal vécu... La vitalité d'expression se bloque dans une dualité illusoire, dans un face-à-face de deux langues (tantôt franco-arabe, tantôt arabo-berbère). Le métissage inévitable, dont se nourrit toute création, se vit dès lors en dichotomie intérieure, en amputation douloureuse, en reniement ou en oubli de sa diversité de généalogie.

Depuis 1962 – une génération déjà ! –, seul le retour à ce triangle linguistique ouvert, improvisé, mobile amènera une effloraison d'œuvres originales, favorisera la poussée novatrice d'une identité dont l'unité devrait être recherchée en soi, mais jamais contre soi.

II

Ecriture francophone au féminin

Dame Raison reprit en ces termes :
« Lève-toi, mon enfant ! Sans plus attendre, partons au Champ des Lettres ; c'est en ce pays riche et fertile que sera fondée la Cité des Dames, là où l'on trouve tant de fruits et de douces rivières, là où la terre abonde en toutes bonnes choses. Prends la pioche de ton intelligence et creuse bien. Partout où tu verras les traces de ma règle, fais un fossé profond. »

Christine DE PISAN,
La Cité des Dames.

Ecrivain/Ecrivaine

I

1. Je me présente à vous comme écrivain ; un point, c'est tout. Je n'ai pas besoin – je suppose – de dire « femme-écrivain ». Quelle importance ? Dans certains pays, on dit « écrivaine » et, en langue française, c'est étrange, *vaine* se perçoit davantage au féminin qu'au masculin.

Un écrivain – un homme-écrivain : personne, il me semble, n'ironise avec le jeu de mots : un « écrit » – au neutre – mais vain. Sans poids, sans consistance, ni valeur, ni durée !... Cela n'a tourmenté – toujours en langue française – ni les bons ni les mauvais écrivains, ni les vrais ni les faux... Chacun porte l'énoncé de sa condition avec assurance, ou tout au moins naturel... Quel jeu de vanité cela aurait risqué d'être !

Une *écrivaine* : écoutez longtemps ce mot, cela se perçoit aussitôt ; je veux dire la finale : *vaine,* et donc vanité, légèreté, que sais-je, ostentation... Vaine, et plus du tout l'« écrit », le neutre de l'écrit, l'asexué de l'écriture, son creux, sa transparence... C'était au début du mot : or ne s'entend que l'écho de la fin, infiniment prolongée !...

Certes, dans l'écrit, il y a aussi « les cris », le cri-magma de tous les cris : la douleur donc... Oublions vite ; fixons-nous dans le « vaine ».

Oui, j'en aime bien l'écho ; et seulement l'écho : *écri-vai-ai-ne !...* Presque un SOS !

Ainsi, l'écrit de femme... pour magazine de mode, le roman de femme... récit à l'eau de rose, ou à l'eau de fleur d'oranger pour les Orientales, etc. Certes, je pourrais arguer, pour ma part : *vaine* décidément comme :

évanescent,

fugacité du nuage, de la beauté qui passe, du parfum qui s'éparpille, de la note de musique qui file... un ré dans une mesure de Schubert qui résonne, qui disparaît et qui fait mal longtemps, une journée entière parfois...

Bien sûr, un écrit de femme/écrit-vaine...

Désir soudain d'une écriture pour laquelle le pianiste n'a pas besoin d'appuyer sur la pédale, juste un frôlement du doigt – chez Bartok ou chez Ravel : le son disparaît et demeure.

L'insaisissable le plus léger possible : parfois l'artiste souhaite (qu'il soit homme ou femme) – quand une seconde, ou une heure, il se sent trop heureux, ou si le moment est poignant, trop douloureux –, il souhaite mourir à l'instant, et ne pas mourir tout à fait cependant... *(car c'est la seule chose qu'on ne vit pas, sa mort... et c'est ce qu'on souhaite parfois, tout connaître, et connaître aussi sa mort, celle qu'on ne pourra jamais écrire...).*

2. *La vanité* de écri-vaine donc, d'« écrivain » au féminin, ce serait cela, cette curiosité de la limite, de l'effacement, de la mort bien sûr ?

Maurice Blanchot parle de « l'écriture du désastre ». C'est vrai qu'il évoque notre siècle des guerres mondiales, des camps de concentration, de Hiroshima... le siècle des boucheries humaines, des massacres qui se continuent...

Quand il écrit des fictions, il décide d'un titre : *L'Arrêt de mort.* Mais je m'égare : Blanchot n'est pas une femme et n'est pas, comme moi, arabe. C'est un écrivain, seulement.

Je l'évoque ici pourtant, pour dessiner comme un ciel à mon écriture...

Parler/dire à l'autre.

Ecrire ? Dire à soi-même, c'est le risque, à chaque seconde, de sentir l'évanescent du mot, son extrême fragilité, et tout à la fois de celui qui dit le mot, de celui qui l'écrit...

L'écriture est éphémère, que le texte écrit soit imprimé à mille exemplaires ou à cent mille, quelle importance ? Il devient si vite poussière, qu'il soit le mot de l'instant, ou le verbe, la phrase trouvée après des heures de recherche...

Le seul critère n'est pas la permanence. Le « gonflement » à vide, le « public » quantitatif, mais – pour moi, en tout cas – *le degré de nécessité.*

Nécessité d'être écrivain, écrivaine ? *Parce que je ne peux faire autrement :* malgré le « vain » ou, surtout, grâce au « vaine »...

Une seule remarque soudain, à propos de ce féminin : et si la seule différence de « l'écriture vaine » – par rapport à l'écrit de Monsieur l'écrivain – était... dans sa légèreté, oh je n'ai pas dit : dans son inconsistance, non !

En somme, pour une femme, écrire doucement... c'est-à-dire sans faire de bruit ?

II

Ecrire n'est pas forcément publier.

Ecrire quelquefois c'est choisir de se taire. Choisir ? Ou être forcée... au féminin. Car, pour une femme, le rapport de sa vie avec ce métier d'écrivain, pardon, d'écrivaine, est quelquefois plus difficile à lier : un nœud souvent inextricable...

Les trois premiers de mes romans de jeunesse ont été écrits très vite, à chaque fois, dans une fièvre joyeuse, une parenthèse de trois ou quatre mois.

Le quatrième, *Les Alouettes naïves,* par contre, je l'ai écrit plus longuement, de 1962 à 1965 : premières années de l'indépendance, à Alger, où je ne faisais que marcher dehors (Alger, ville alors à la fois cosmopolite et de désordre joyeux, incertain). Pourtant, ce roman, une fois publié, m'a amenée à dix ans de silence... De silence volontaire. Un silence délibéré.

J'expérimentais qu'une fiction romanesque ne peut se contrôler tout à fait, que l'écriture de femme se fait de plus en plus contre son propre corps, inévitablement.

Cinquante pages au cœur du livre (celui-ci, sur la guerre d'Algérie, où le personnage principal, qui dit « je », est un jeune homme) se révélaient des pages sur le bonheur amoureux, sur la sensualité d'un couple vivant sa lune de miel... Je me disais, superficiellement bien sûr – j'allais dire « vainement » : ce sera pour faire contrepoint avec le tumulte, en paroles et en actes, du reste.

Mais ces pages, je les savais autobiographiques. Une fois ce livre publié, ce fut comme si je voulais recouvrir ma vie et moi-même d'un voile immense, d'une nuit à l'infini.

Ecrire donc pour une femme, si elle ne peut se cantonner dans la fiction, lui devient a posteriori *dévoilement.*

Ainsi, pour revenir à mon expérience, me dévoiler – même dans cinquante pages d'un roman de trois cent cinquante – n'était plus vain : danger dès lors du *dévoiement,* oh oui... Ecrire soudain, cela signifiait pour moi, au sens propre, « me dévoyer ».

L'écrivain-femme deviendrait-elle presque la femme

publique ? Je n'ai pas publié ensuite pendant dix ans, ou un peu plus, à cette époque de ma vie.

III

Peu à peu, durant ces dix années de silence, j'ai pourtant fait le tour de mon territoire.

J'ai voulu que la contrainte devienne règle, et que les tabous intérieurs, au lieu de les faire exploser, je puisse les délier, les désamorcer, les desserrer lentement... Peut-être douloureusement, mais en prenant tout ce temps, j'ai évité, je dirais, la complaisance égocentrique de la douleur, le narcissisme de la révolte qui n'a son charme (ou qui ne garde l'éclat de son feu) qu'en temps d'adolescence...

Parce que femme d'éducation arabe – ou disons de sensibilité maghrébine –, et cela, au creux même de la langue française, je crois que j'ai élaboré ainsi, par tâtonnements, mon esthétique.

Je peux résumer celle-ci rapidement :

écrire pour moi se joue dans un rapport obscur entre le « devoir dire » et le « ne jamais pouvoir dire », ou disons, entre garder trace et affronter la loi de l'« impossibilité de dire », le « devoir taire », le « taire absolument ».

Le silence, silence plein qui sous-entend le secret (le *s'irr* de mon dialecte), s'impose donc souvent à moi comme matière de départ : les mots à chercher, à trouver, à esquisser viennent se placer, malgré eux et malgré moi, autour du rempart intérieur de la mutité, certes au plus près, au risque parfois d'ébranler cette zone de silence, de secouer les nerfs de ce silence tremblé, au risque aussi de devoir retomber dans un vide de l'écriture, dans un épuisement...

L'écriture, comment ne peut-elle qu'être au bord, parfois ; parfois, certes, pas toujours.

Parfois, les mots fusent, s'imposent, font voler en poussière d'or toute immobilité : par surcroît soudain de vie, en dépit ou à cause d'un malheur trop fort, par excès aussi, et soudain, d'allégresse...

Parfois, par bonheur, l'on écrit comme l'on danse : gratuitement.

Il a suffi que le matin se soit déployé en couleurs rares, les voix dehors paisibles, le chien ou le chat, sur le seuil, attentif, parfois... Circonstance vaine, ou grave.

IV

Dans tout cela la poésie ?

La poésie filtre autant entre les mots que dans les mots, dans le rythme, dans la pause... Le blanc, couleur du deuil chez nous, c'est aussi celle où l'on respire. C'est un temps de silence, c'est aussi une trace de patience... (La céramique islamique est souvent un jeu de blanc et de bleu.)

Pendant longtemps, avant d'aborder mon temps de maturité, je me disais obstinément : « Que Dieu me préserve des discours ! »

C'est que l'histoire m'a fait tomber – après l'indépendance – à une époque dite faussement « socialiste » où le verbe était surévalué !... Tonitruant même, je dirais.

(Vous ouvriez la télévision, vous allumiez la radio, déferlait la logorrhée de la prose politique – et en arabe classique, autant dire en langage pédant ! Le français public prenait, par contagion, son allure raide et engoncée... Parole bruyante, triomphante du Chef – qu'il soit le « père » débonnaire, ou autoritaire, ou... le verbe du « Frère » prétentieux ! Chez nous, en Algérie, il y avait surtout les « frères », les « sœurs », tout un

apparat d'hypocrisie. Les yeux des mâles suintaient leur désir non dominé, leur frustration, leur haine, mais tout de même, sous la pommade du langage socialiste – en arabe, en français – on vous appelait « sœur » !...)

Avec quel arrière-plan – heureusement, il y avait, dans cette ville d'escaliers, de précipices sur la Méditerranée, la libération de la marche au soleil, mobile le plus souvent possible et dehors. Comme écrivaine, je me disais farouchement :

– pas la trompette ni le tambour, seulement la flûte de roseau,

– pas la voix haute et bruyante, mais le murmure, la *sotto voce,*

– et surtout, surtout, ne jamais employer le mot : « révolution ».

Je décidai de réserver ce mot surévalué... aux astres, pas aux hommes !

Ma vie tout entière serait une lente circonférence, je bougerais lentement mais constamment, dans ma tête et dans mon corps, et à la fin, quand je serais vieille, heureuse de vivre, je pourrais une seule fois oser dire, ou écrire :

Je vais faire ma *révolution, mon cercle, ma volute, ma figure de danse, ma mutation... J'ai été grave et austère à vingt ans, je serai dissipée et légère à soixante-dix ou quatre-vingts ans !*

Ainsi, sera ma *révolution. Ce terme qu'ils galvaudaient et que je voulais non maculé !*

Vous le voyez, peu à peu – et je m'en aperçois, maintenant que je trace, un peu ironiquement, mon trajet d'écrivain :

– j'aime la vie – et ce n'est pas très fréquent, aujourd'hui, en milieu arabe,

– j'aime être heureuse si possible – et malheureuse aussi, mais avec, au moins, la vitalité de mon malheur – et ce n'est pas très à la mode (car, en Occident, on aime pleurer sur les femmes arabes, ou musulmanes, ou... Mais s'il faut pleurer sur soi-même, ce ne peut être que de rage, et seulement pour se réveiller),

– j'aspire à une écriture au-dehors, au soleil !

Si la langue est comme on dit « moyen de communication », elle est pour un écrivain/une écrivaine aussi un « moyen de transformation », une action – mais cela, dans la mesure où il – ou elle – pratique l'écriture comme aventure, comme recherche de soi et du monde.

Du français comme butin

Il y eut d'abord ma sortie au-dehors ; le scandale de mon âge nubile, la mobilité de mon corps de femme. Sans me rendre compte alors à quel point ma voix avait à se tasser, à se terrer, parce qu'ensoleillée.

Solitude du départ. Sortie du harem, au début des années cinquante – pour les centaines, ou les quelques milliers de Maghrébines comme moi – grâce à l'étude du français, considérée comme chance. « Elle sort, disait la mère de sa fille, heureuse ou frileuse de cette chance orpheline, elle sort parce qu'elle lit ! » C'est-à-dire, en traduisant de l'arabe dialectal, qu'elle « étudie ». Comme si le français des autres devenait stèles immenses profilées à l'horizon, la marche du corps étant dirigée vers ce but. Comptait la marche seule : un trajet individuel dans le silence concerté.

Comme si l'oralité du français allait habiller le dénuement du corps s'aventurant dans l'entre-deux qui séparait, qui sépare toujours, dans les cités tumultueuses, les médinas des beaux quartiers, ou des bidonvilles. Si le dévoilement féminin ne se muait pas en dévoiement, c'était justement grâce à ce recours : le français comme lecture/étude et donc comme silence préalable, avant toute licence.

Prétendre écrire dès ma sortie de l'adolescence ne pouvait, en ce cas, que m'amener à utiliser le murmure, la *sotto voce*. Malgré quelques mirages de l'histoire collective, nous ne sortîmes vraiment que l'une après l'autre de la claustration. Chacune seule dans la rue, sous le regard des frères et cousins ennemis.

Grâce à ce français de solitaire, l'écriture singulière surgissait, mais elle serait de grelottement.

Toutes les premières tentatives, pour les femmes du monde arabe, de vouloir à la fois sortir au-dehors et « sortir en la langue différente » devenaient risque d'une double expulsion : que subissaient d'une part l'écriture même balbutiante (ravalée par les contempteurs masculins aussitôt à l'anecdotique ou au folklore) et d'autre part le corps parlant.

Ecrire en la langue étrangère devenait presque faire l'amour hors la foi ancestrale. Or le tabou, en islam, épargne, en ce cas, les mâles ; bien plus, les valorise. Si la langue ainsi brandie apparaît souvent risque réel pour les « jeunes hommes en colère » de la pré- ou de la post-décolonisation, il en va autrement des femmes.

Parler hors la chaleur matriarcale, hors l'antienne de la Tradition, hors la « fidélité » – ce terme pris au sens religieux –, écrire à la première personne du singulier et de la singularité, corps nu et voix à peine déviée par le timbre étranger, rameute face à nous tous les dangers symboliques. Censure et anathèmes proviennent parfois, avec une prolixité hâtive, plus des nouveaux tribuns, fraîchement « modernisés », que des arrières de la tribu soupçonneuse...

Toute femme écrivant qui s'avance ainsi hardiment prend le risque de voir combien son chemin est miné.

Oui, du français comme butin, c'est-à-dire en emportant

avec soi tout le champ (et le chant) de la guerre intérieure, à chaque instant de l'échappée hors harem. Butin arraché sur le voisin proche, sur le frère ou le cousin germain, pour une parole ancrée dans la mémoire de l'ombre populeuse.

Entre parole et écriture

I

Je vous parle présentement en français. Parlant arabe au moins dans ma vie familiale et affective, dès que je dois « m'exprimer » comme on dit sur mon expérience d'écrivain, je m'aperçois que ma pratique de la *parole publique* est pour moi exclusivement en français.

Venant d'un monde et d'une culture profondément marqués par une traditionnelle ségrégation sexuelle (les femmes au-dedans, séparées des hommes au-dehors, le « public » masculin opposé à l'intime et au familial, le discours monotone des lieux d'hommes, différent de la polyphonie féminine – murmures et chuchotements ou au contraire vociférations en société féminine...), venant donc de cette fatale, de cette mutilante dichotomie, je développe à mon tour, dans mon trajet individuel d'écrivain, une seconde coupure intérieure, un partage s'accentuant au fil des ans entre un parler arabophone (dissimulant d'ailleurs, au moment de l'enfance de ma mère quand elle s'est citadinisée, un oubli du parler berbère des montagnes) et une pratique précoce, parce que d'abord scolaire, de la langue française.

Comme je l'ai évoqué dans *L'Amour, la fantasia,* cette

pratique, dès l'âge de cinq ans, s'étant inaugurée sous le patronage paternel – et ce, de la première enfance à l'âge nubile (onze ou douze ans) –, ce fut comme si je développais au-dehors, dans ce petit village d'une plaine coloniale algéro-française, une partie masculine de moi-même, et que mon côté féminin restât dans l'appartement derrière les persiennes, aux côtés de ma mère voilée et qui ne sortait pas.

Certes, un peu différemment du schéma de l'enfance d'une émigrée maghrébine en France ou en Allemagne d'aujourd'hui, ma mère arabophone et échappant aux regards français prenait, à mes yeux, allure de reine. Chaque jeudi, je l'accompagnais au hammam où elle trônait, elle, citadine avec tous ses raffinements de toilette parmi les femmes de fermiers et de paysans... Chaque été, en outre, nous rejoignions la vieille cité au passé andalou où l'univers de fêtes, de réunions de femmes, de musique et de bruits avait pour moi un charme prenant : là régnaient la poésie, les danses, la vraie vie...

Pour en terminer avec cette évocation de mon enfance, j'expérimentai tôt le partage, bien plus, la concurrence des langues ; car elle se faisait à mon insu, et insidieusement, à travers mon propre corps.

Ainsi, par exemple, à onze ans, la solution de l'internat – au milieu d'une majorité de préadolescentes « pieds-noirs » – me permettrait, certes, de continuer une éducation française (comme si dorénavant le lien à la mère, aux femmes cloîtrées du village ou de la vieille cité devait reculer, alors qu'en réalité il s'ancrait définitivement dans ma mémoire) ; ce monde clos et exclusivement féminin du collège avec internat devenait en fait, dans l'univers français des autres, une variante affaiblie du harem traditionnel, dont je me croyais tout à fait libérée.

Or, au sortir précisément de cet internat, j'allais choisir la graphie française comme pratique peu à peu privilégiée (à savoir l'écriture romanesque) alors que la parole, j'allais dire le bruit français, avait rythmé en surface les jours de mon adolescence. « En surface », ai-je dit. Une parole allégée, dépouillée progressivement de son ombre, de sa doublure de soie ou d'hermine, en somme de son intériorité.

II

La parole française, qui me permit, grâce aux humanités gréco-latines, de devenir peu à peu une « honnête femme » au sens du XVIIe siècle, cette langue claire comme eau de source, décapante comme outil de pensée, j'allais dire d'avancée, j'en eus, comme n'importe quel jeune homme de chez moi allant à l'école française, la possession et celle-ci me fut, dès l'âge de dix-huit ans (âge de la majorité qui n'existe pas en strict droit musulman pour une femme non mariée), porte ouverte vers le dehors, vers les autres, vers le monde entier.

Ce que je voudrais faire sentir ici, c'est combien cette parole française – apparemment mariée sans heurt à une écriture française de fiction – devint pour moi parole privée de son ombre. De sa source. De sa terre. Et cette expropriation de fait me devint expérience plus douloureuse précisément parce que je suis femme.

C'est assez parlé de moi, de mon vécu personnel, de mon enfance. J'en viens aux femmes de chez moi et à leur expérience de parole.

Disons d'abord que le rôle culturel traditionnel des femmes au Maghreb est d'être détentrices d'une parole plurielle qui va scander le quotidien familial et religieux.

Cette fonction de porte-parole, ou plutôt de porte-mémoire, cache en fait le resserrement des femmes dans l'espace (la tendance à les immobiliser, et en même temps, ou à défaut, à les calfeutrer, à les envelopper, à les ensevelir de bouts de linge ou d'un linceul). Cette tendance à l'asphyxie du corps amène la seule translation possible : supporter sa vie par le chant, la lamentation, l'incantation par la voix seule libérée.

Oui, faire de la voix qui s'élance puissante, âcre, vengeresse, écorchée ou simplement nue, la seule consolation immédiate.

C'est ainsi, par exemple, que la fonction de pleureuse devient la plus belle parole, la plus enviée : elle n'est pas seulement parole pour tous, elle est souvent improvisée sur le bord d'une circonstance tragique. Mais c'est aussi comme si la liberté de cette parole chantée, restant elle aussi dangereuse, ne pouvait que se faire sous le sceau de la mort. Et ainsi, elle rassure. Ainsi, les plus grandes poétesses arabes de l'âge classique, à l'égal d'El-Khansa, vont chanter le frère mort en premier, puis éventuellement les autres guerriers.

La parole féminine lyrique, mise souvent en avant dans une fonction privilégiée (chanter la mort, ou souvent, en pleine noce, chanter la mélancolie...), cette parole-là est hyperbolique pour masquer un autre type d'expulsion des femmes : l'expulsion de l'écriture.

III

On nous dit « société orale », alors que la culture arabe repose sur l'enseignement (et donc l'Ecriture lue et recopiée) du Livre ; alors que surtout, au Maghreb, il y a une des plus anciennes cultures écrites, avec les femmes comme détentrices privilégiées de l'écriture, l'alphabet « tifinagh » des Touaregs.

Si, pourtant, le retour à l'oral est vécu comme la norme, c'est, me semble-t-il, parce que, dès les premiers temps de l'islam, on a peu à peu expulsé les femmes de l'écriture comme pouvoir, j'allais dire comme comptabilité : le Coran ne venait-il pas précisément de leur donner, révolution dérangeante, leur part d'héritage reconnue et le droit, théorique, de gérer leurs biens matériels, indépendamment du mari, ou des frères ou des fils ?

(Certes à ce schéma il y a, au Maghreb, quelques exceptions : en Algérie, les kharedjites ibadites, qui vivent aujourd'hui dans le Mzab, ont prôné longtemps, dans leur passé éclairé, un savoir livresque pour leurs femmes, à égalité avec les hommes...)

La conclusion s'impose : plus on concède aux femmes le rôle de porte-parole (surtout quand la femme prend de l'âge, et aussi parce que cette parole chante ou déplore le passé, l'irréversibilité des choses), plus la femme s'absente de l'écriture.

A peine, quelquefois, lui reste-t-il la planche coranique, pour ensuite mieux dire ses prières, ou pour réduire l'écriture à l'inscription magique des amulettes...

Oui, la femme est exilée le plus souvent de l'écriture : pour ne pas s'en servir, elle, comme individu, pour ne pas connaître ses droits dans la cité, pour ne pas redevenir mobile, pour ne pas être cause de *fitna* (querelle) parmi les mâles qui palabrent...

Le danger gît là : la femme qui peut écrire (on écrit d'abord pour soi, car l'écriture amène le dialogue avec soi), cette femme risque d'expérimenter un pouvoir étrange, le pouvoir d'être femme autrement que par l'enfantement maternel.

« Le paradis est aux pieds des Mères », a dit le Prophète. Et s'il était plutôt entre les mains des épouses, des amantes, des amoureuses ?

Le « roman » commencerait alors ; disons plutôt la fiction,

l'imagination... Après tout, si Schéhérazade ne contait pas à chaque aube, mais écrivait, peut-être n'aurait-elle eu besoin que d'une nuit, et pas de mille, pour se libérer ?

Ma conclusion ne peut être qu'une ouverture vers un autre développement à esquisser.

1. Que devient pour moi, pour d'autres femmes du Maghreb qui, nombreuses, écrivent, une écriture française, venue d'ailleurs ?

Est-elle vraiment une arme d'affirmation de soi, de mise en avant de sa personne-individu comme une sorte de « monstre », au sens strict, tandis que les femmes de plus en plus ensevelies, transformées en fantômes, déambulent... ?

L'écriture comme dévoilement fragiliserait-elle celle qui écrit, la dénonce-t-elle aux regards des autres ?

Le pouvoir de l'écriture dans ces conditions se gonfle en pouvoir essentiellement de provocation.

« L'écriture est dévoilement en public devant des voyeurs qui ricanent... Une reine s'avance dans la rue, blanche, anonyme, drapée, mais quand le suaire de laine rêche s'arrache et tombe tout à coup à ses pieds auparavant devinés, elle se retrouve mendiante accroupie dans la poussière, sous les crachats et quolibets », ai-je écrit dans *L'Amour, la fantasia*.

2. Certes, l'écriture littéraire, parce qu'elle s'accomplit sur un autre registre linguistique (ici le français), peut tenter d'être un retour, par translation, à la parole traditionnelle comme parole plurielle (parole des autres femmes), mais aussi parole perdue, ou plutôt, *son de parole perdue.*

Algériennes, le regard qui recule...

1. Il peut sembler surprenant que, choisissant de rééclairer le thème de l'Algérienne dans l'imaginaire du XIXe et d'une partie du XXe siècle, je renonce à en cerner la présence chez tant d'écrivains voyageurs – depuis Théophile Gautier en passant par les frères Goncourt, Guy de Maupassant jusqu'à André Gide et enfin Montherlant –, préférant aujourd'hui devant vous me tourner vers les peintres.

Comme si la véritable continuité – si continuité il y a – ne s'inscrivait pas dans l'espace de l'écriture française, pour y quêter une archéologie hasardeuse, mais consistait à retrouver cet ailleurs, à partir du regard d'artistes étrangers, nouvellement arrivés à Alger, Constantine ou Laghouat, tout préoccupés qu'ils sont de noter les couleurs, les costumes, les postures de l'Algérienne souvent à demi entrevue.

Continuité en quoi ? me diriez-vous. Entre le modèle différent, multiple et semblable, l'Algérienne vêtue ou dénudée, nous fixant de là-bas, dans son patio, dans sa hutte ou sur sa terrasse, transplantée quelquefois jusqu'à Paris pour, déguisée en Parisienne algérianisée, nous regarder encore, nous regarder toujours, et ce, par l'entremise du talent, ou du génie, de ces itinérants à la mémoire obsédée – entre ces femmes donc qui ont posé face au peintre et d'autres Algériennes, apparues un siècle après, mais, comme les précédentes, encore emmitouflées de leurs voiles, de leurs interdits, de leur déguisement d'apparentes Occidentales, elles qui ont pris un jour la plume, se sont mises à écrire des fictions arachnéennes, ou des récits révulsés sur elles, sur leur vie, sur leur prison, où s'établit la continuité ?

Dans le corps et sa mise en espace, dès lors que l'odalisque soudain descend du cadre. Déplacement surtout dans le regard. Et ce regard d'autrui est réapproprié.

En premier, l'Algérienne, modestement ou distraitement, est assise face à l'homme étranger ; celui-ci, quoique de passage, n'est pas vraiment éphémère : elle se laisse saisir par un regard non pas voyeur, non pas possesseur, ni dérivant dans un désir d'impuissance ou dans la violence. Elle se laisse envelopper par un regard qui questionne, qui rend compte et qui, par là même, a seul souci de restituer la créature...

Algérienne assise, couchée, rêvant, s'immobilisant, se laissant admirer, oui, est-ce là la première étape, celle du dialogue des yeux, de l'entente approchée, de l'harmonie imaginée ?... Est-ce là, selon un titre de Matisse, l'amoureux ébloui de toutes choses, lui qui, après quelques jours en Algérie, conçoit ses premiers *Nu bleu* faisant scandale, est-ce le *Nu bleu* dans le regard, dans l'âme ?

Lieu de naissance et de permanence – *Ghardaïa, Algérie, 1906* – oasis où nulle femme ordinairement n'apparaît, mais oasis où, devant Henri Matisse, tout devient bleu, non pas blanc, mais bleu, bleu d'avenir...

L'Algérienne en ce début se tient face à ce regard plein qui transmue. Vingt ans après ou cent ans après, la même Algérienne, le *Nu bleu*, ou sa fille, ou sa cousine, sa descendante, la même – fillette ou vieille femme – prend la plume, non pas comme à l'école coranique car elle va écrire et elle ne sait quoi, en tout cas aucune vérité préétablie. Palpite soudain son désir de parole. Elle ne veut plus se taire.

« D'une façon ou de l'autre, on peut se taire d'autrui. On

peut se taire de soi. Sans doute. Mais à soi ? » s'interroge Aragon dans *Henri Matisse, roman.*

L'Algérienne soudain – quand cela a-t-il commencé ? Il y a cinquante ans ? ou vingt ans ? –, l'Algérienne a décidé de ne plus « se taire à soi ». De se regarder, elle. De se peindre elle et à elle. De parler d'elle et à elle.

Bref d'écrire.

2. Or je dis aujourd'hui – je l'ai compris il y a deux ou trois mois quand j'ai su que je parlerais ici –, je dis que dans cette trajectoire imperceptiblement obliquée, ce glissement de plan à peine occurrent, se dessine peu à peu comme un point de fuite, lieu à la fois de source et de dénuement, ambivalence, oui, je le sens ainsi, terreau bouleversé qui décèlerait ou un puits secret, ou une tombe ostensiblement ouverte.

Car pour cette femme – ma parente, ma semblable, mon double –, l'écriture est-elle appel pour une naissance ou danger sinon de mort, plutôt de disparition ?

Algérienne devant le regard. Et son propre regard, soudain, recule.

En même temps, pendant que j'écris, une chanteuse populaire, Zoulikha de Kabylie, chante dans un arabe berbérisé :

> *Salima, ô Salima,*
> – je dirais donc : *Salima, ô la préservée –*
> *Qui veut s'enivrer de la belle (ou de la beauté)*
> *S'en va chasser la tourterelle*
> *Salima, ô Salima !*

En parallèle donc, parvient à mon ouïe ce thème double de la préservation et de la prise pour finir, la mort de l'oiseau de tendresse...

Reprenons : l'Algérienne comme modèle, un siècle durant (au cours des premières décades de l'occupation, le pays en révolte contre la conquête coloniale est à feu et à sang), l'Algérienne accepte, en avant-plan de tout un remuement, ce face-à-face avec l'autre – le peintre viendrait-il d'une autre planète, d'un monde si étrange où femmes et hommes peuvent se parler, se regarder publiquement, ouvertement ?

Cette femme se pose devant un vrai regard : Delacroix et sa vision inoubliable à Alger *« au fond d'un couloir obscur »* ; Chassériau à Constantine contemplant ces juives autochtones au visage découvert, le hennin sur la tête et les yeux sombres, presque ressuscitées d'un Moyen Age français ; Guillaumet dans les Aurès devant les paysannes et les Bédouines si pauvres, lui-même si respectueux dans sa quête lente ; Renoir deux printemps successifs dans les rues d'un Alger pluvieux ; Matisse et ses jours rapides à Biskra et à Ghardaïa ; son ami Albert Marquet, s'arrêtant plus tard à Laghouat, lui pourtant que ne hantent d'ordinaire que les ports, que l'eau...

Oui, devant ces attentes, ou ces éclairs d'attente, la dame algérienne se met à croire au Royaume, celui-là même où un homme regarde la femme avec la ferveur naïve du soufi contemplant en chaque créature le miracle de Dieu. Devant cette nouveauté-là, l'Algérienne pourra rêver au rêve. Mais les voyageurs, hélas, repartent. Alors, de cet initial déclenchement, on ne peut quelquefois que mourir. Haoua (ressuscitée par Fromentin) reçoit le coup de sabot du cheval à la face et en meurt.

Peintres voyageurs – moins d'une dizaine en un siècle – ils t'ont vraiment rencontrée, Eve algérienne pas encore renaissante dans une lumière que serait celle de la liberté.

3. Ainsi, les filles, les cousines, les héritières, vingt jours ou vingt ans après, qu'importe, pour ne pas « se taire à soi », pour fertiliser ce premier regard, écrivent.

Je dis que cette écriture, frileuse, fragile, palpitante d'incertitude comme un pigeon la patte engluée sur le fil, une aube froide d'avril, je dis que cette écriture procède de l'ébranlement obscur du modèle face au peintre.

D'une certaine façon, c'est toujours Haoua – la rêveuse, la fugueuse que rencontre vraiment Fromentin à Blida – qui a décidé d'écrire, quoi, une amulette, un message pour un inconnu connu, un poème vrillant la tête, mais elle pressent, ce faisant, que la fantasia l'attend là-bas pour l'issue fatale... Elle s'est levée, elle allait s'échapper, elle se regarde, elle sourit à Aïchoucha son amie, puis elle trace à la hâte les premières lignes. Calligraphie d'un appel au secours, ou simplement empreinte des doigts, du cœur que le personnage consent à laisser, avant de mourir...

Cette scène ne serait-elle qu'une vision d'insomnie rétrospective ? 1852, près de Hajout, Algérie. Fromentin est le témoin et l'ami discret. Rien ne parviendra de ce dessin de prologue : je peux l'avoir inventé et m'illusionner...

L'Algérienne, scripteuse en plein brouillard, pas encore maîtresse de son mouvement ni de ses jours, consciente seulement de son entrave au-dehors, de sa fièvre et de sa flamme au-dedans de son cœur, l'Algérienne est libérée du face-à-face. Face-à-face de l'amour venu d'ailleurs, reparti ailleurs. Elle y trouve la force, ou la vulnérabilité, de se vouloir enfin face à elle-même, modèle et peintre à la fois mais d'elle-même.

Cela étant, elle ne peut pourtant que reculer dans l'ombre. Elle n'a dès lors comme seul choix que de se recroqueviller dans le hors-champ, d'où fusent les youyous immémoriaux. Ce chœur d'aïeules la transperce, mais ne la pousse pas en avant car il ravive ses échardes. Alors que le regard disparu du peintre lui servait d'aiguillon pour se dresser, ou pour défier.

L'Algérienne que taraude la hantise d'un « regard-voix », en somme d'une écriture qui danserait et prendrait son envol, cette femme-là risque de s'engloutir momentanément, mystérieusement, dans la nuit revenue.

4. Car se porte sur ces femmes l'ombre de la rupture de parole. La plupart de ces « écrivaines », depuis le début de ce siècle, se sont situées hors la parole tribale.

On aurait certes pu imaginer que l'écriture féminine se contenterait de transcender la parole de la Tradition, où la femme, mère symbolique, transmet la mémoire de tous... Je rappelle que, très souvent, cette fixation de la parole des femmes gardiennes a été l'œuvre de leurs fils qui ont géré, quelquefois à leur compte personnel, cet héritage vivant ; ils l'ont parfois élargi et illuminé...

L'écriture féminine pouvait prolonger, au moins dans le domaine poétique, la parole de l'improvisation lyrique et vagabonde, celle des pleureuses, des inconsolables, des habituelles compagnes de la mort.

En fait, je constate que cette écriture, depuis plus de cinquante ans au Maghreb, s'exerce comme une halte, ou une rémission, dans l'attente d'une parole neuve à trouver – parole tournée vers la vie et vers l'horizon, une parole du « devant soi » et la jambe avance, et le corps va s'ensoleiller...

Faut-il évoquer également, même rapidement, l'exterritorialité culturelle de fait de ces Algériennes nouvelles ?

Les romancières arabes contemporaines de langue arabe (depuis Leïla Baalbaki, Guedda Semmam, en passant par Nawal es-Saadaoui, Alifa Rifaat, jusqu'à Hennan El-Cheikh et Houda Barakat) expérimentent elles aussi la solitude de la création au sein d'une société plutôt soupçonneuse, mais du fait qu'elles écrivent dans la langue maternelle, elles conservent au moins leur armure, l'airain ancien qui enrobe toute langue non déracinée.

Or les Algériennes – et c'est là leur vulnérabilité doublée – ont écrit, écrivent encore pour beaucoup dans la langue française, langue autre, langue de l'autre, langue du peintre d'hier au regard ébloui.

Pour ma part, je l'ai noté dans *L'Amour, la fantasia*, ce fut « comme si soudain la langue française avait des yeux, et qu'elle me les ait donnés pour voir dans la liberté, comme si la langue française aveuglait les mâles voyeurs de mon clan et qu'à ce prix, je puisse circuler, dégringoler toutes les rues, annexer le dehors pour mes compagnes cloîtrées, pour mes aïeules mortes bien avant le tombeau... ».

Il est vrai que, si je ne veux plus nous inventer Haoua, modèle du peintre, en tête de la procession passée, les devancières anonymes ne nous manquent pas.

J'ai souvent senti que me passait la main, que me passait « leurs » mains elles-mêmes, le peuple innombrable des tatoueuses, des tisseuses, des potières, elles dont les doigts ont celé, durant des siècles, leur vérité singulière dans des dessins immémoriaux !

5. Je ne peux, à ce terme, que rapidement évoquer combien la langue étrangère aujourd'hui en Algérie se découvre à son tour un étrange avenir : voie de la communication et certes « des techniques et des sciences », nous dit-on, et je ne doute pas que son champ s'est alors élargi, mais, lorsqu'il s'agit de la création, c'est la voie, je le sens, de la solitude, de la marginalité, de la contestation rigoureuse.

En particulier, quand il s'agit des femmes, si, du moins, l'aura de la poétesse porte-parole, de la pleureuse tragique, de la mystique en transe nous est refusée, l'écriture justement étrangère (mais étrangère aussi au pouvoir dominant, à l'omnipotence du regard masculin) nous devient outil plus incisif sans doute pour creuser au plus vif de nos blessures et de nos enivrements !

Toutefois, si d'autres publics attendent de nous des témoignages journalistiques qui nous feraient reprendre une nouvelle version du rôle traditionnel de la pleureuse (du style « lamentez-vous, ô femmes esclaves et prisonnières ! »), grâce à Dieu, nos improvisations ou notre recherche sur les contradictions, sur les mystères de notre condition, ne se feront pas ainsi sur commande... Nous ne nous avançons pas au-devant d'une scène ; nous cherchons seulement comment vivre, chez nous et ailleurs. Et si l'écriture n'est plus gelée, si elle sourd, si elle gicle, si elle ruisselle, c'est parce que la vision de Picasso ouvrant grand l'espace du gynécée et l'inondant de soleil est devenue, pour quelques-unes, réalité.

« Algériennes, le regard qui recule... », cette phrase, à nouveau en moi, fait ressac.

Je renonce finalement à mieux expliciter cette formule : retour provisoire à l'ombre, au domaine nocturne (nuit populeuse, nuit « qui remue », nuit sous le ciel étoilé, nuit d'amour répétée mais nuit aussi du harem de palais et de bidonville !...). Ce retour-là, ce recul du corps regardant, du corps mouvant, s'impose, je le crois, à un moment de l'œuvre, au moins dans une étape d'une longue trajectoire... Comme si le mystère de toute création rejoignait là une solidarité, une non-amputation du passé.

6. En conclusion de cette démarche, certes métaphorique, de ma pensée, je vais m'éloigner volontairement d'une certaine critique qui, le domaine féminin sitôt approché, se contente de commentaires ou sociologiques ou biogra-

phiques, recréant ainsi à sa manière un harem pseudo-littéraire.

De même que chez les peintres immortalisant l'Algérienne, ne m'intéresse pas leur orientalisme, mais davantage leur orientalité, de même, dans toute œuvre produite par une femme comme par un homme, en Algérie comme en Australie ou en Finlande, importe avant tout le degré de nécessité.

Or celui-ci, dans le roman féminin à peine naissant au Maghreb, n'est pas à tester d'abord dans la matière romanesque recensée, ni même dans la forme maîtrisée ou non à encenser (beauté convulsive que nous maintiendrons à notre tour contre nos seins nus !). Non ! Avant même de rendre compte du terme de chaque voyage que représente l'aventure créatrice, encore faut-il circonscrire, un peu comme un sourcier scrupuleux, l'aire – meuble et qui risque de s'ensabler – du jaillissement.

Oui, l'urgence est là : la source – à la fois lieu et instant – de l'écriture féminine est à préserver.

Car son ancrage est dans le corps, corps de femme devenu mobile et, parce qu'il se trouve en terre arabe, entré dès lors en dissidence. Plus précisément, le point nodal de cette poussée d'expression et de pérennité (écriture au-delà de la parole criée ou murmurée, mais en deçà encore de l'image), ce point secret, tenace comme une tarentule, je le situerais entre corps et voix.

La coda, c'est Mallarmé qui nous la donne : en ouverture à sa conférence sur Villiers de l'Isle-Adam, il propose comme réponse à la question : « Sait-on ce que c'est qu'écrire ? » la définition suivante :

> *une ancienne et très vague mais jalouse pratique*
> *dont gît le sens au mystère du cœur.*

P.S. 1. Après que j'ai débuté à vingt ans dans la création romanesque avec une tranquille insouciance de jeune fille qui dut paraître à certains des miens scandaleuse, j'ai eu droit, longtemps après, aux attaques des Jdanov, en l'occurrence tel ou tel « penseur » – procureur, égaré sur le terrain laissé alors vacant de la critique littéraire maghrébine.

Vingt ans après ces petits remous, je peux dire maintenant que je sais gré à ma distraction naturelle, et sans doute à la rigueur de ma formation intellectuelle, de m'avoir fait éviter instinctivement « le coup de sabot à la face ».

Le silence d'une décade que je traversai alors a été habité par mon questionnement intérieur, à propos des langues dans la création littéraire et audiovisuelle.

2. Autre souvenir : en 1976, un poète à la radio algérienne attaquait encore avec hargne le non-engagement politique (et le succès éditorial) de mon premier roman publié... en 1957 !

Dix-neuf ans après, je sortis enfin de ma réserve, demandai d'exercer mon droit de réponse à la même radio et répliquai :

– *La Soif* est un roman que j'aime encore et assume. Je ne lui vois pas une ride. Vous ne pouvez m'empêcher d'avoir préféré lors de mes débuts d'écrivain un air de flûte à tous vos tambours !

Si j'évoque ces deux détails biographiques, c'est parce que je constate que toute expression féminine novice au Maghreb, dès lors qu'elle sort du discours universitaire ou idéologique, déchaîne souvent un dénigrement hâtif bien suspect, que ne nous épargnèrent pas, il y a encore peu, souvent nos intellectuels se disant modernistes, et cela avant même l'agressivité misogyne et pathologique des fanatiques religieux !

L'écrit des femmes en littérature maghrébine

L'écrit des femmes en littérature maghrébine :
une naissance, une fuite ou une échappée souvent,
un défi parfois,
une mémoire sauvée qui brûle et pousse
en avant...

L'écrit des femmes qui soudain affleure ?
– cris étouffés enfin fixés,
parole et silence ensemble
fécondés !

1. Cette strophe entière, je ne peux faire autrement, s'impose à moi comme titre : pour dire les femmes de ma communauté, si longtemps – des générations successives – enveloppées de mutisme, du retrait qu'une parole secrète, tissée peu à peu et saisie de si près, installe.

Pour qui veut écouter, puis transmettre, puis précautionneusement dire, à peine laisser perler, ne pas déformer par l'enflure, par l'hyperbole d'une révolte attendue, en somme pour qui a souci de faire le passeur – la passeuse – sur un ton juste, d'une voix sûre, et prolonger cette parole pleine, grave ou hésitante, ou fragile, pour la fixer sans la souiller, ni l'exhiber – seulement pérenniser cette trace, tatouage de l'origine –, serait-ce cela vraiment écrire, quand on est femme et que l'écho de la tribu fantôme vous devient maison et prison ?

2. Maison et prison, ai-je prétendu, mais j'ajoute aussitôt : dans la langue de l'autre, de l'ailleurs, du conquérant d'hier, de l'hôte ouvert ou hostile d'aujourd'hui.

Ecriture en langue française : don offert pour des fillettes paysannes, déjà dans l'Algérie des campagnes du siècle dernier ; don, chance unique.

Un livre – un vrai livre, fort, rude et nourrissant comme une « figue de Barbarie » – en témoigne de nos jours : *Histoire de ma vie* de Fadhma Aït Mansour-Amrouche, autobiographie bouleversante d'authenticité, premier jalon d'une mémoire des Maghrébines écrivaines, malgré la colonisation, l'oppression, la misère et les hasards de la migration des pauvres !

La narratrice – la mère de Taos Amrouche l'inoubliable cantatrice, ainsi que du poète Jean Amrouche – est née en 1882 en Grande Kabylie ; elle a fréquenté la première école laïque ouverte pour fillettes kabyles.

Son institutrice, venue avec son mari de Rodez, après la ruine du vignoble du Midi, se dévouera entièrement à ses élèves : Fadhma Amrouche la considérera comme une seconde mère. Elle lui devra l'amour de la poésie française – de Victor Hugo, de Lamartine – et quand, à Tunis à soixante ans, elle écrira, sur un cahier d'écolier, le récit de son enfance, de son mariage, de son école, premier espace de liberté qui lui donnera courage pour partir, quitter le village natal, maintenir avec son mari Belkacem un vrai couple, en dépit de la pression de la famille traditionnelle, elle dédiera son livre à cette institutrice, Mme Malaval, sa *« seconde mère »*.

La voici ensuite émigrée kabyle en Tunisie, avec son époux, ses cinq garçons et sa fille unique.

Loin de la terre natale, de son étau et de ses poids, la Berbère courageuse et lutteuse – en cela digne fille de sa mère Aïni qui fit front face au frère et à tout le village –, au terme d'une vie de luttes, de séparations et de deuils, retracera son trajet. Fadhma souffre en improvisant des chants berbères (Taos, sa fille, les recueillera tout contre sa lèvre), mais c'est en français qu'elle écrit son témoignage de résistance féminine.

Elle ne se présente pas seulement en narratrice, dans ce livre. Auteur(e) par un ton de force tranquille, m'apparaît-elle aujourd'hui : ni revendicatrice ni révoltée, elle se remémore et fixe d'une main sûre, sans nulle fioriture, le tracé de sa vie. Elle se voit pourtant simple inspiratrice, pour son fils le lettré, si brillant, Jean l'ami de Gide pendant la guerre.

Redevenant mère humble et modeste, elle s'imagine, à la fin, présenter un simple matériel biographique à ce fils prodigue – celui-là même qui, pour avancer en sève poétique, a besoin de se rappeler « la voix blanche de ma mère » et de transcrire l'improvisation de la douleur maternelle dans la langue ancestrale...

En amont d'une littérature algérienne francophone des années trente, se dresse pour nous cette ombre parlante, puis écrivante, de la mère paysanne et lettrée, enracinée et migrante, forte, douloureuse autant qu'inventive. De la mère conservant la langue-souche, de la mère déjà voyageuse, et dans la langue étrangère ; à côté d'elle, le père se tient toujours là, avec sa douceur silencieuse, mais en retrait.

La mère et sa parole, son bruit, sa voix : dans le cas des Amrouche, le chant ancien se perpétue dans un espace neuf... En outre, comme dans toutes les migrations, se scandent les retours saisonniers de l'été, pour les enfants, dans les montagnes de là-bas : cette mémoire est déroulée sous un ciel immémorial – et toutes ces femmes qui forment un chœur autour de l'image maternelle centrale !

Le texte de Fadhma, la mère, est précédé et suivi du premier roman de la jeune Taos, *Jacinthe noire,* elle qui connaîtra ses plus grands succès comme cantatrice. Ainsi l'écriture de la fille aura reçu, comme tatouage premier, cette griffe maternelle.

Ecriture de la naissance tout autant que de la souvenance : la mère Amrouche devient, en cette fin de siècle, notre mère à toutes !

3. La « fugitive » imaginée dans le *Don Quichotte* de Cervantès pourrait être la première Algérienne qui écrit : or elle devient celle qui fuit et fait fuir l'esclave chrétien, elle que son père maudit (il l'avait comblée de toutes les richesses, sauf de la liberté), elle surtout qui écrivait laisse donc échapper la missive pour nouer l'intrigue, puis le complot permettant l'évasion finale : fantasme auquel je n'ai pu m'empêcher de revenir – et chercher ainsi ancrage si loin, dans le premier grand roman de la modernité.

Bien avant les siècles de colonisation et de servitude, au temps des *Bains d'Alger* – c'est-à-dire des « bagnes » pour hommes étrangers prisonniers –, l'écriture, pour une femme d'Alger, ne pouvait qu'assurer l'échappée.

« Fugitive et ne le sachant pas. » J'ai, quant à moi, mis en avant la silhouette de cette Zoraïdé de Cervantès pour, dans ce sillage, oser esquisser dans mon roman *Vaste est la prison* la trajectoire passée de ma mère : vivant en citadine traditionnelle jusqu'à près de quarante ans, elle trouvera force pour, transformée en apparente Occidentale, traverser à son tour la Méditerranée et sillonner seule la France, rendre visite, de prison en prison, peu avant et peu après 1960, à son fils unique, jeune détenu politique... L'audace de ces

voyages, de ce qu'ils impliquaient en courage silencieux, en secrète pudeur, il me semblait qu'ils méritaient cette aura de la première Algérienne, créée par Cervantès en personnage littéraire...

Alors l'anamnèse, dans ma chronique des femmes de la famille, s'est mise en mouvement : la grand-mère maternelle, que je ne voyais jusque-là qu'en aïeule conteuse de la geste tribale et guerrière, a été ressuscitée sous ma plume en jeune adolescente descendant de la montagne, pour être « donnée » au riche notable de la cité... La chaîne féminine s'est rééclairée plus en arrière : la mère de l'aïeule morte en tragiques noces, les sœurs et les tantes autour – une somme de destinées non pas gelées, plutôt en glissements menus, en trajets obliques, en quête obstinée de la moindre passerelle, pour un ailleurs, pour...

Le monde supposé clos du harem de ce début du siècle : minuscules déplacements, transgression entêtée, quelquefois échouée ; un mouvement intérieur redevenait perceptible – je le découvrais en rendant compte par une mémoire sororale piaffant au bord du vorace oubli, ou telle une soudaine porte béant dans le noir d'une encre impossible, oui, je le sentais, le mouvement de résistance de tant de mes aïeules sans écriture, mais proches, mais bruissantes, mais vivantes, ce mouvement rejouait précis, vif, et toujours à des passages de langues, à telle ou telle frontière fluctuante : depuis la grand-mère habitée à la fois par le berbère de ses montagnes et l'arabe de ses prières, grâce à son ascendance « chérifienne », jusqu'à la mère tournant, elle, le dos au berbère – parce que séparée trop tôt du père – mais écrivant, fredonnant tant de poésies d'arabe andalou pour s'essayer ensuite au français de ses voisines, épouses d'instituteurs.

L'écriture, surtout celle de la seconde langue, faisait espérer l'échappée, entrevoir l'autre horizon !

Or, en 1991, à Madrid, j'avais auparavant conclu l'évocation de la Zoraïdé du XVIe siècle, l'entrelaçant dans mon texte aux voyages maternels, par cette prémonition, pas forcément littéraire, qui me semblait un début de constante dans l'écrit des Maghrébines d'aujourd'hui :

« J'écris dans l'ombre de ma mère revenue de ses voyages de temps de guerre, moi, poursuivant les miens dans cette paix obscure faite de sourde guerre intérieure, de divisions internes, de désordres et de houle de ma terre natale...

Fugitive et ne le sachant pas. Car, de trop le savoir, je me tairais et l'encre de mon écriture, trop vite, sécherait. »

4. Parole et écriture : comme dans toutes les littératures du tiers monde, c'est dans ce tangage, à la recherche de cette bouche obscure où l'écrit de quelques-uns vient tenter de boire au fleuve souterrain de la mémoire – trop souvent occultée – des soi-disant « analphabètes », que s'ancre la culture en devenir...

A plus forte raison quand il s'agit des femmes, où l'éloquence leur est reconnue, mais rarement le don, et le pouvoir d'écriture, elles dont le corps reste rivé dans une pénombre et un retrait indûment justifiés par quelque loi pseudo-islamique : écrire, pour chaque femme, ne peut que nous ramener à ce double interdit, du regard et du savoir.

Ecrire serait inévitablement nous cogner, à travers elles, nous-mêmes, à ces murs du silence, à cette invisibilité. Ecrire deviendrait-il, par cela même, à cause de cette urgence, « écrire pour », c'est-à-dire un engagement du verbe, une écriture de passion et de lutte ?

Rien n'est moins sûr !

Je songe à une femme, mon aînée que je lis et relis, une des rares femmes philosophes contemporaines : l'Andalouse Maria Zambrano – qui fut réfugiée politique en 1936, exilée outre-Atlantique puis édifiant son œuvre, de pensée et de poésie, aux confins de la Suisse et du Jura français, avant de retourner mourir récemment à Madrid –, elle qui a connu toutes les luttes, qui a su évoquer si bien Antigone au tombeau et Déméter, la Mère de la vie, nous dit, dans sa très belle réflexion sur l'aurore (et l'écrit des femmes au Maghreb ne peut signifier que cela : une aurore) :

« La vie... continue aveuglément à donner des êtres qui demandent à voir, dont certains arrivent à créer leur propre lumière sans s'y brûler et sans brûler... »

Ainsi, Maria Zambrano me permet de conclure : les femmes au Maghreb, en écrivant, *« demandent à voir »* et toute littérature ne peut, pour moi, s'inscrire que dans cette recherche de « sa propre lumière ».

Sans s'y brûler et sans brûler, vraiment ? Ce serait, dans ma société aveugle, à la quête désespérée de miroirs, la grâce suprême, inespérée.

III

Ecriture de l'autobiographie

Cette voix qui parle...

Elle sort de moi, elle me remplit, elle clame contre mes murs, elle n'est pas la mienne, je ne peux pas l'arrêter, je ne peux pas l'empêcher de me déchirer, de m'assiéger.

Elle n'est pas la mienne, je n'en ai pas, je n'ai pas de voix et je dois parler, c'est tout ce que je sais, c'est autour de cela qu'il faut tourner, c'est à propos de cela qu'il faut parler, avec cette voix qui n'est pas la mienne, mais qui ne peut être que la mienne puisqu'il n'y a que moi...

Samuel BECKETT,
L'Innommable.

De l'écriture comme voile

Mon parcours d'écrivain est donc représenté par trente ans d'une pratique d'écriture francophone.

Quand, si longtemps après, je considère les quatre romans de ma jeunesse, leur intérêt, pour moi, est qu'ils fonctionnent comme de petites architectures fictionnelles. Et le fait que celles-ci aient été construites avec des mots français – langue théoriquement étrangère –, c'est un peu comme si, dès le départ, la distance entre moi, femme, et ces architectures avait été maintenue avec une volonté délibérée.

Je me dis à présent que j'écrivais tout en restant voilée. Je dirais même que j'y tenais : de l'écriture comme voile !

1. Je livre d'abord un souvenir d'enfance ; tous ceux qui ont vécu enfants au Maghreb, garçons ou filles, pourraient revivre la même scène du quotidien : quand je sortais, toute petite, avec ma mère, ou une tante, ou une autre parente, il y avait toujours un moment, dans le vestibule, où la dame voilée, avant d'affronter la rue, s'apprêtait lentement à déplier son voile.

Lorsqu'on déplie et qu'on déploie ce voile – dans mon souvenir, c'est toujours un voile de soie blanche et moirée –, ces quelques minutes pour s'apprêter, se protéger, pour manipuler le tissu, sont essentielles : car il y a une manière particulière de se voiler pour chaque femme !... Une façon de serrer le voile sur les hanches, de le plier au niveau des épaules, d'en ramener les pans sous le menton : de ces gestes rapides et sûrs, chaque enfant est conscient. Il perçoit toute l'attention de la précaution maternelle...

Chaque enfant pensait, comme moi, que sa mère avait la façon la plus noble, la plus élégante de porter ce voile ! Et, dans la rue, les hommes devaient reconnaître ma mère – sans doute parce que, dans la petite cité, ils me reconnaissaient ; de même, devant chaque autre dame, ils mettaient un nom à l'enfant de la maison qui servait toujours d'accompagnateur.

Moi, fillette, j'étais tout à fait sûre que si l'on devait reconnaître ma mère, même voilée, c'était évidemment parce qu'elle avait les plus beaux yeux, et les plus belles chevilles (parce qu'effectivement on ne voyait d'elle que les yeux, au-dessus de la voilette posée sur le nez, et qu'on devinait à peine les chevilles). Ou, parfois, d'une façon plus subtile, pensais-je alors, si on la reconnaissait, c'était, d'une certaine façon, les pans du voile qui la traduisaient (sa manière inimitable de s'envelopper dans cette soie).

Il y a mille façons de se voiler.

2. Ainsi, au début de ma pratique d'écrivain, mon rapport à la langue française déployée en narration s'approchait assez justement de cette image de la Mauresque s'avançant voilée en pleine rue.

Car si écrire c'est s'exposer, s'afficher à la vue des autres, se voiler même écrivant a été, pour moi, un mode naturel. « Se voiler » ne signifiait pas vraiment pour moi se travestir, se déguiser pour se cacher – comme le traduirait aussitôt tout voyeur hors de ce monde culturel des petites villes du nord du Maghreb.

Ce « voile/travestissement », j'ai fini, plus tard, à plus de quarante ans, par le voir pourtant ainsi : la première fois où j'ai ressenti ce voile blanc, féminin comme un masque total, ce fut sur une table de montage, après avoir moi-même filmé une femme voilée sur un sentier du mont Chenoua !

J'ai contemplé, donc a posteriori, l'image sur la table de montage, et j'ai reçu, seulement alors, un choc – sans doute le premier choc visuel de ma vie, face au monde des miens.

La jeune femme voilée, mince, fluide, s'avançait sur ce sentier : les pans du voile blanc flottaient, ses yeux seuls apparents – mais chez elle, il n'y avait qu'un œil visible. Je me suis exclamée, troublée : « C'est un fantôme ! »

« C'est... » Cela voulait dire non pas elle simplement, la passante photographiée, mais les femmes, toutes, elles si près de moi jusque-là, elles de ma famille, elles autant dire moi-même !...

Le voile, ainsi perçu globalement, la silhouette ainsi saisie d'un coup, et de face, par une caméra, c'était une autre vérité proposée, d'où mon traumatisme sursautant au creux de ces mots : « Une femme-fantôme ! »

Mais je le répète, quand on se trouve plongé dans sa culture, au cœur même de son univers, cette découverte funèbre – cette « façon de voir » – survient rarement. Une fois que je m'étais détachée, c'était en quelque sorte sous l'œil mort de la caméra que la réalité visible prenait ainsi sens – un sens de condamnation.

Il n'en reste pas moins vrai que le vécu de mon enfance conservait l'autre face de la réalité ; « vivre – pour ainsi dire – le voile » se transformait quasiment en gageure : voiler, c'était bien s'aventurer au-dehors, et en même temps, se préserver. « Se garder » !...

Si je n'avais pas eu, ancrée inconsciemment en moi, cette

illusion (écrire tout en restant « voilée », écrire donc de la fiction), comment aurais-je eu cette audace, cette innocence aveugle, de m'essayer au jeu de l'écriture romanesque, à la fois à vingt ans et en pleine guerre de résistance des miens ?

3. A la deuxième étape de mon trajet, après presque dix ans de silence, a commencé mon expérience cinématographique, ma quête d'images/sons.

J'ai senti, en cet été 1975 passé à circuler dans les montagnes de la tribu maternelle, que « filmer » n'était pas simplement regarder ; plutôt appréhender les mots dans l'espace, les lancer quelquefois au-dehors : qu'ils ne soient plus « mots intérieurs » qui vous nouent, qui vous envahissent et vous lient, mais des oiseaux dont vous regardez indéfiniment le vol...

Mots français, mots arabes ou berbères, qu'importe, mais ceux dont vous êtes pleine, dont vous étiez gonflée dans l'ombre – de votre jeunesse, de votre pudeur, de votre retenue –, eux une fois exposés ainsi, au soleil, vous vous en libérez certes, vous vous en nourrissez aussi : de leur son, de leur musique, de leur mobilité.

D'où, je pense, la nécessité pour moi de vouloir garder trace des espaces familiers (en particulier les villages des montagnes où je n'étais plus allée depuis si longtemps, que ma grand-mère maternelle avait parcourus, à cheval !...).

Comme si, en filmant les « extérieurs » connus, reconnus, retrouvés après la période de guerre et les débuts de l'indépendance, c'était autant ma mémoire première que mes contacts de peau et de mots que j'allais retrouver.

Filmer ainsi les lieux – en conservant en moi la litanie des mots murmurés de la langue maternelle –, c'était autant un « journal » de moi et des miens que j'allais commencer, qu'un retour aux lieux que les destructions de la guerre, pourtant si terrible, avaient épargnés.

Soudain, je surprenais, non pas seulement le voile de la « femme-fantôme », devenue tardive révélation, mais aussi, par ailleurs, les premiers pas – c'était au milieu des années soixante-dix – d'une libération de femme : tout autant la mienne (à dix ans, à douze ans, au moment où elle m'était un acquis irréversible, puisque je ne serais jamais « voilée ») que, en ce présent du tournage documentaire, la marche des fillettes et des préadolescentes, « allant à l'école » sur les sentes les plus reculées de ces montagnes où je revenais, cet été-là.

Voir, revoir, quêter certes les images et, soutenant celles-ci, les mots d'autrefois, même de tristesse et de mélancolie, même redisant la perte et les incendies. Oui, la présence visible des mots de la langue parlée, pour les lancer ensuite sur l'écran, en un film lent et long de deux heures pleines et, j'y tenais, en deux versions originales : l'arabe du dialecte des « dames » de ces montagnes, que la promeneuse (mon double) redisait en écho français, mais aussi, pour la seconde version, la voix intérieure de cette femme qui murmurait, sans fin, dans son errance, en longeant son passé, en s'accrochant pourtant au rivage du présent :

« *J'avais quinze ans, j'avais cent ans de douleur !* Je *ne pouvais parler !* »

Ou, quelques jours après, son regard posé sur les fenêtres avec barreaux, sur les portes entrebâillées, sur les autres paysannes qui encore se cachaient, son regard donc la ramenant au monde intérieur de l'exclusion des autres, elle soupire :

« *Ecouter la mémoire déchirée !* »

Cette parole intérieure de l'héroïne était donc voix off mais en français, ou, pour l'autre version, réécrite et remise en mouvement dans un arabe moderne – ouvert sur le monde arabe actuel – qui subsumait le dialecte en reflétant la nervosité, la mobilité de mon français intériorisé.

Ainsi, le son travaillé, guidant, dynamisant ou levant lui-même les images, parce que les devançant, mon français « auparavant d'écriture » retrouvait, dans l'espace d'enfance, comme un jeu libéré, en alliance avec mes deux autres langues, l'arabe et les traces de berbère qui avaient échappé aux dames porteuses de mémoire, traces/tatouages que je conservais.

4. Autrefois, dans le hasard de ma biographie, j'avais vécu près de trois années dans un théâtre.

Chaque soir, le jeu théâtral, quelquefois le même répété des nuits et des nuits, même avec des comédiens qui changeaient, m'avait comme poursuivie (je n'avais, à cette époque, le plus souvent en charge que la régie son, que la musique, préalablement choisie par moi, pour donner un décor sonore aux pièces de Mrozek, d'Aristophane, ou des nouvelles fantastiques de l'Argentin Cortázar que j'avais adaptées).

Je vivais alors à Paris, fin des années soixante et premières années soixante-dix. Par réaction, en retournant dans mon pays en 1974, il me semble qu'au contraire une nécessité physique m'avait saisie : oublier cet espace nocturne, rester toujours dehors au soleil et écouter parler les femmes !

Cette écoute, dans la langue dialectale, ou plus exactement, avec l'accent régional qui me redonnait la chaleur maternelle, ce parler des femmes souvent les plus humbles, au milieu des pleurs et des rires d'enfants, des appels de bergers, des bruits ordinaires de la campagne, toute cette épaisseur sonore marqua vraiment mon retour : d'émigrée, d'exilée d'hier. Et je ne me sentais pas encore une passagère ; non.

C'est alors, dans ce milieu des années soixante-dix – et même si le résultat de cette quête filmique ne rencontra, à Alger, vers 1978 et 1979, qu'incompréhension violente, parfois agressive, des supposés critiques de l'univers algérois de cette époque (à une ou deux exceptions près) –, c'est pourtant dans ces circonstances qu'il y a eu pour moi une volonté de reprendre, comme matière d'écriture, l'Histoire. Et tout d'abord, « mon » histoire.

Violence de l'autobiographie

1. Je n'ai jamais relu mes livres, une fois publiés.

Mes livres ? Pas tous mes livres, non. Depuis que je fais des lectures, si souvent en Allemagne et en Suisse alémanique, je lis en effet des extraits de *Femmes d'Alger* et des romans suivants.

Je relis donc, par fragments, mes livres, mais toujours devant un public, pour un public. Puis j'écoute leur son étranger...

Sinon, seule et pour moi, je ne relis jamais mes livres. Autrefois, ceux-ci publiés, je fuyais même le rôle de l'auteur qui doit commenter sa dernière œuvre, la disséquer. (J'ai refusé d'assister à la première soutenance de thèse sur moi, à Paris, je crois vers 1980 – pourtant par une étudiante qui m'était vraiment sympathique – parce que, me semblait-il, cela signifiait que j'allais assister, moi vivante, à ma propre autopsie !)

Désormais, certes, j'ai changé ; j'écoute parfois l'analyse des lecteurs et lectrices, comme on s'installe devant un miroir pour ausculter une sorte d'image inversée qui, elle aussi, fluctue, ou au contraire s'immobilise.

Désormais, oui, je sais que l'œuvre vit entre deux pôles, deux rives ; m'ayant échappé à sa publication, elle circule ailleurs et quelquefois si près, elle cherche son point mouvant, elle n'est ni à moi ni au lecteur, mais entre nous, dans l'échange, dans l'allée et venue des réminiscences. Parfois, elle risquerait de se disloquer, ou de se dissoudre en poussière.

Dans ce mouvement et dans son balancement, j'ai peur, je crains quelque chute, quelque déréliction. Et si cette « mort » du texte survenait – tiraillé qu'il serait entre sa genèse et sa réception, entre l'auteur qui l'a lâché tel un oiseau de passage et le lecteur-critique qui, pour l'éclairer, aurait le désir de le ré-emprisonner ? La responsabilité serait à placer où, dans ce cas ?...

L'auteur serait donc fautif, sans doute, si l'œuvre soudain se rétractait, si son mouvement intérieur d'horloge se détraquait... Tout, en morceaux, se retrouverait décomposé, et pas en envol ! Le texte, ainsi, pourrait ne plus résister.

Dans ces terrains mouvants, marécages sous ciels brouillés, voyages sonores de nos regards pourtant conjugués, tout texte à propulser est en danger de se coaguler, de dépérir ou de s'asphyxier. Entre l'« écriture à vif » – ainsi définirais-je le texte autobiographique – et la lecture tenue, dans ce jeu de miroirs doubles, ou triples, parfois le reflet se perdrait... Sans retour, le récit ou le roman basculerait, se dissiperait, sa vie serait inhumée.

2. Dans tout cela, l'autobiographie ?

Je désire parler de cet influx de tension, ou de passion secrète que l'auteur introduit au cours de la genèse de son texte, à un moment bien précis : comment le livre autobiographique, en vous quittant – juste après sa publication, à la première lecture de quelque lecteur, celle-ci se manifestant par une lettre, un article, une conversation –, comment donc le texte, en vous échappant vers l'autre (lecteurs ou lectrices, de ceux qui vous attendent, ou qui sont de hasard), oui, comment cet écrit – de vous et sur vous – vous déchire, vous arrache un lambeau de vous-même, vous paralyse au moment où le premier lecteur, s'il vous écrit, vous donne ainsi la preuve de la réception… Celle-ci vous fige littéralement, et même s'il s'agit d'éloges, ou d'étonnement, vous voici statufiée, devenue sourde soudain à vous-même et aux gens du dehors – cela non pas une seconde ni un jour, parfois des mois entiers… J'appellerais cette réaction « le retour de violence » de l'écrit autobiographique.

Ensuite, lentement vous remontez à la surface, vous trouvez la force de soulever le nouveau silence de suie qui n'est pas le premier linceul – celui de l'amont de l'écriture – mais plutôt le dernier, le plus banal certes, celui de la *hochma,* c'est-à-dire, en arabe, de la « honte », en fait de la pudeur, seule spécificité féminine, pourrait-on dire, de la littérature autobiographique, ce voile qui vous engoncerait, qui, dans les temps anciens, vous aurait fait désigner comme sorcière, comme impure, et impudique, et obscène, et publique…

Ce qui m'est arrivé pour *L'Amour, la fantasia* se répète chaque fois en épreuve. Certes, vous aujourd'hui, et tant d'autres lecteurs désormais (j'ai de la chance), dans d'autres villes, d'autres pays, vous vous dressez, autour de moi, en protégeant ce texte que vous avez reçu, repris, rééclairé et vous semblez me dire – présents ou absents :

– Un livre terminé, lorsqu'il se met à circuler, ce n'est pas une malédiction, ni une plaie ouverte, non, plutôt une cuirasse, une armure !

Dans cet état, je ressors de cette exposition du moi en texte publié : ainsi, je me rétracte devant l'exhibition au premier instant risqué ; ainsi, glissant dans une nouvelle vulnérabilité qui s'ajoute au risque bien réel du corps de femme, de la main de femme qui écrit sur soi, sur moi, sur nous, je finis par sortir de la mise sous silence ; je finis par m'en sortir.

3. Cette perte de ma force de femme, au moment de l'abandon du texte, permettez-moi à ce propos de verser quelque peu dans l'anecdote, en rappelant la sortie de *L'Amour, la fantasia,* en mars-avril 1985.

J'ai eu une tendinite qui est la maladie des passionnés de tennis ; or je ne joue pas au tennis. Ce mal me fit souffrir plusieurs mois ; je dormais peu, je ne pouvais soulever mon bras, pourtant je ne me décidais pas à aller chez le médecin. Comme si, intérieurement, je savais que j'étais en train de payer le prix... de quoi ? De la publication d'un livre autobiographique ? Je finis par me soigner ; il me fallut ensuite plus de six mois pour guérir et retrouver un bras normal...

J'ai écrit *L'Amour, la fantasia* à plus de quarante ans. C'est à cet âge seulement que j'ai décidé de commencer une autobiographie.

La raison de cette décision ? Je découvris un jour que, jusqu'à cet âge certain, je n'avais jamais pu dire des mots d'amour en français...

Bouleversante constatation : pourquoi cette impossibilité ?

Je n'en savais rien : livrée ainsi à cette quête de moi-même – ou, plus exactement, quête de moi, mais aussi quête de la langue française en moi –, j'ai pris ma plume.

Pendant deux ans, je me suis plongée, de plus en plus totalement, dans cette auto-analyse, moi comme femme, également comme écrivain – et ce « *dit de l'amour* » qui se bloquait mystérieusement !

Mon texte devint, avec urgence, quête personnelle, intime tout autant que collective ; il progressait par ailleurs à la recherche exigeante d'une forme obscure, d'une structure qu'il me fallait, peu à peu, inventer.

Au terme de ces deux années, je dus chercher un éditeur ; cela ne fut pas facile – ainsi, je ne me contentais pas, après le succès d'estime de *Femmes d'Alger,* de creuser le sillon : « femmes du Maghreb, de l'Islam, malheureuses et victimes » !

Mes éditeurs trouvaient que *L'Amour, la fantasia* n'avait l'air de rien : ce n'était pas une simple continuité autobiographique, et ce n'était pas un vrai roman !...

Quelques jours après sa publication en mars 1985, je reçois la lettre d'un ami que j'avais longtemps perdu de vue, auquel j'avais envoyé un exemplaire. C'est un auteur lui-même et il connaît très bien l'Algérie. Il me répond rapidement par une lettre élogieuse ; je suis heureuse, rassurée en lisant cette missive. S'il avait été à Paris, j'aurais téléphoné pour remercier sincèrement.

En rangeant la lettre, je suis pourtant secouée par un trouble violent. Ce même jour de la réception de cette première lettre du premier lecteur, je me dis : « On va donc me lire ? », comme si je me réveillais d'un songe infini !...

Or, ce n'était pas mon premier livre ; je n'étais pas dans des incertitudes de débutante ; simplement, je livrais aux autres mon premier texte autobiographique ! Après deux ans d'écriture, alors que le premier lecteur véritable se manifestait, et malgré les éloges, se concrétisait soudain... quoi ? Qu'un livre est fait pour être lu.

« On va donc me lire ? » L'interrogation, la révélation me taraudaient. Mon trouble persistait... Quelques jours après, je ne pus plus soulever le bras, mon épaule devint douloureuse : une tendinite, me dit-on. Voici pour l'anecdote.

Ainsi, j'avais livré au public, entre des chapitres, ressuscitant la guerre du siècle passé en Algérie, j'avais exposé des lambeaux de ma propre vie, de mon enfance, du quotidien de mon père, de ma mère, et même quelques scènes intimes de ma vie de femme.

Durant tout le temps d'écriture du texte, cette veine personnelle me paraissait comme protégée, comme si les apparentes fenêtres des chapitres « historiques », de la mise en scène des combats meurtriers franco-algériens jouaient le rôle de muraille épaisse.

Comme si, du fond d'une fondrière, je racontais mes émois d'adolescente mais aussi les cachais, je décrivais la correspondance secrète de jeunes filles enfermées, je rappelais même une nuit de noces – de défloration, grands dieux –, et je ne savais pour quelle raison secrète cette inscription-là était nécessaire ? Pour quelle motivation obscure avais-je besoin de faire avancer ce double récit, cette quête sur deux niveaux, et sur deux siècles ?...

Peu à peu, la « langue française », pénétrant sur la terre de mes ancêtres en même temps que les soldats français, cent dix ans après devenait le lien entre une fillette de cinq ans et son père « le fez sur la tête, s'avançant bien droit au centre du petit village colonial, lui, instituteur indigène pour garçonnets indigènes, comme on disait » – c'était elle, la « langue », des autres, de mon père, puis enfin de moi, elle, le vrai personnage !

Oui, ces deux années où j'ai dû écrire en sourde-muette, ne vivant que sous mon regard intérieur, livrée à cet effort si long d'anamnèse, les émois, les secrets, les passions de jeunesse que je réinscrivais, j'ai cru, en dépit de toute vraisemblance, qu'ils resteraient voilés définitivement, grâce aux bruits et aux couleurs fauves des récits de combats ! Depuis la lamentation des aïeules, jetées sur le bateau en otages de guerre, jusqu'à l'asphyxie des Ouled Riah, dans les grottes du Dahra, montagnes de mon enfance...

Soudain, cette première lettre du premier lecteur ! En outre, un écrivain dont la profession était l'écriture et la lecture... Une sensation de ma mise à nu de femme devant un homme – inévitablement devant tous les hommes – me paralysa : j'étais privée de la langue maternelle qui m'aurait été couverture dans la communication qu'elle m'aurait assurée avec les femmes traditionnelles !... Car je suppose que, si cela avait été un texte en arabe, j'aurais pris le livre, je serais allée voir ma tante la plus tendre, ma grand-mère, ma voisine et j'aurais dit :

– Je t'en prie, tu lis et tu me dis si je parais indécente !

Ainsi, les voyeurs de chez moi, dans mon pays, seraient aussi des lecteurs ? Ailleurs, le livre d'écriture française, ou en traduction, aurait des lecteurs étrangers, hommes et femmes, qui réagiraient, eux, selon leur goût littéraire. Comment ces derniers pourraient-ils se douter de l'enjeu en moi, tout contre moi, de la violence du texte faisant retour ?

Je me suis figée des semaines et des mois, après la publication de ce livre ; je croyais m'emmurer.

4. Je n'ai pu répondre à la lettre de l'ami. Je ne l'ai fait que bien plus tard, et avec des excuses.

Comment dire que, ayant écrit ce texte autobiographique au milieu déjà de mon parcours, sans l'inexpérience des débuts, je n'avais pas prévu le risque, pour moi, de cette écriture ?

Par ailleurs, cette « première lettre » me révélait l'irréversibilité de l'acte autobiographique. Contrairement au texte de fiction qui, lui, peut être repris, corrigé, connaît une première, une seconde version, l'inscription sur soi, et à propos de soi, dans la mesure où elle renvoie à un double (une forme originale, en fait insaisissable), ne peut se présenter que d'un seul coup. La nature d'un tel texte ne souffre pas d'ajouts ultérieurs, sinon sur d'autres épisodes à rééclairer, à livrer de nouveau à l'encan.

En somme, le « je ne vous ai pas tout dit » – un peu comme dans le parloir de la confession catholique. Je ne me suis jamais trouvée dans un confessionnal, mais il y a, bien sûr, quelque chose de la confession du pénitent dans le texte autobiographique. Une fois que, dans ce lieu, dans cette situation, vous avez avoué un fait, un détail, rien ne peut être repris : c'est trop tard ! Votre parole, votre texte sont ineffaçables.

Par contre, grâce à ce face-à-face, sans doute, l'autobiographie propose un déroulement infini. Elle peut se continuer d'une façon ininterrompue sous forme de journal jusqu'au dernier jour ; jusqu'au dernier mot, tant qu'il reste lucide et même au-delà, l'écrivain pourrait, parfois, se comporter comme un souverain.

Oui, le projet autobiographique vous installe, tel un pharaon dans votre propre vie : tel un monarque absolu prévoyant un scribe pour ses derniers instants d'hôpital, de souffrance, d'agonie, jusqu'à la dernière parole – « scribe, écris pour ma main défaillante ! Ainsi, jusqu'au bout j'aurais écrit ma vie ! »

Dans cette perspective de mégalomane, le désir autobiographique, quand il s'étale, qu'il s'organise, que la main de l'auteur relayée par celle du scribe qu'on a payé pour suivre, pas à pas, les mots et les gestes de l'auteur finissant de vivre, ce projet devient vivre pour écrire !

5. J'en reviens à ma propre expérience. J'ai écrit ce livre d'un premier jet, durant six mois, chaque jour et chaque nuit. Ensuite, j'ai piétiné longtemps, essentiellement sur la structure de la troisième partie : « Les voix ensevelies ».

J'ai repris celle-ci par deux fois, puis une troisième fois, j'ai pu l'achever, clôturer enfin mon livre – être sûre de son « moteur » interne –, surtout parce que, deux étés de suite, j'ai vécu plusieurs semaines à Venise. Au cœur de Venise, près du pont dei Greci, j'entrais presque quotidiennement dans la petite église des Carpaccio : ainsi portée par la vision de l'eau, des couleurs, de ce rêve permanent et vivant que représente cette ville en son quotidien, je flottais dans un « hors du temps » quasi voluptueux.

Mais surtout, oh oui essentiellement, mes yeux pourtant éblouis à chaque minute de mes longues marches, la nuit, à l'aube, tout le temps, je me sentais vivre dans un royaume de sons merveilleusement préservés : bruits revenus de mon enfance (les bruits de pas du moindre passant, à l'aube, sous votre fenêtre), les voix au loin, ou tout près, la musique, plus que dans nulle autre cité italienne, de la langue italienne, et par îlots soudains, le cahotement du dialecte vénitien.

Alors, dans cette rémission si délectable de ma mémoire profonde – puisque, dans mon texte, il s'agissait d'un chevauchement, parfois inextricable, de « ma » langue française avec ma généalogie arabe –, ainsi, j'étais livrée à un « entre-les-langues », où l'italien s'insinuait, où les sons purs, le bruit de l'eau, le rire d'un enfant me procuraient enfin le havre dont j'avais besoin pour pouvoir surmonter, avec mes seules forces, ma propre guerre intérieure, mon partage douloureux d'autrefois – entre le français qui m'avait ouvert son espace, et ses fantômes du siècle passé...

Venise et sa durée, grâce à laquelle je sortis enfin de mon propre labyrinthe !

J'avais donc écrit, durant deux ans, mon premier livre du Quatuor algérien, en m'étant instituée, tout le long, à la fois auteur et quasiment mon propre inquisiteur sourcilleux. Dans ce cas, le terme « auteur » devrait signifier celui qui réveille les morts, celui qui remet debout les cadavres !

Mais, dans cette double face de ma vérité de femme algérienne et de son encerclement, je n'avais pas eu le loisir, ou la possibilité, de me rappeler que, de toute façon, il y aurait, pour cet écrit, au moins un lecteur. Un regard extérieur ; une ou des lectures...

Tout le temps de mon écriture, je m'étais crue l'auteur ressusciteur, mais aussi, contre toute vraisemblance, le seul et unique lecteur. Auteur qui réveille, et ranime, lecteur qui vérifie que cela se remet bien debout ! Je me lisais donc, même à Venise, en réveillant le double passé pour tous, bien sûr, et donc, en vérité, pour personne !

Je le découvre aujourd'hui : on peut écrire dans l'aphasie, parce qu'on a perdu sa voix, qu'on espère, au bout des mots, la retrouver, être content de percevoir non seulement les chuchotements, mais les hurlements et les cris qui viennent enfin à la place.

Mais quoi, l'expérience n'est pas rare : l'écrivain idéal serait un muet qui écrit ; les lecteurs à venir vont parler devant, autour et à travers son texte lancé. Sur quoi, le dialogue établi lui permet de reconquérir sa voix.

Heureux auteur ! Son texte circulant vraiment entre eux et lui le pousse à parler, à balbutier, à sourire, à espérer parfois.

A contrario, il y a aussi le texte écrit, pas réellement dans la mutité – qui serait volontaire –, mais dans l'autisme. C'est fini, on cherche, on creuse, on se dépouille, soi et sa terre et sa généalogie et ses ancêtres mutilés et vaincus ; on cherche, on pioche, on brise, on reste tendu. Seul le texte autobiographique s'écrit ainsi, dans un royaume, où l'on se croit auteur absolu, et pourtant lecteur angoissé.

On est le pharaon et son scribe, on est l'esclave du Nil et le maître des châteaux, de tous les biens terrestres. On se dresse seul dans l'entreprise et l'on se croit tous les pouvoirs. Ecrire ainsi, c'est se lancer dans la course, dans la chasse de soi-même, impétueusement, mais cette autarcie, cette endogamie qui supprime les autres tandis que la plume court, que la main inscrit, aboutit, en supprimant l'autre, à ce traumatisme qui fut le mien, à ma sortie de cette réclusion littéraire.

En fait, ce n'est pas simplement qu'on écrit pour les morts. On devient un mort en sursis, on s'emmaillote comme pour une mise au tombeau à l'égyptienne. On s'entoure de ses bijoux, de ses biens, de ses menus objets, et, en attendant la momification, l'on écrit.

Se termine enfin, un jour, le livre, le roman, l'autobiographie en fragments. Puis, avec la publication, les lampes se rallument, le soleil revient, la mort s'éloigne hors du royaume ; le premier lecteur s'approche. Ainsi, l'on se retrouve exposé en pleine lumière aveuglante, et c'est la catastrophe ! On se réveille sans recours et d'une manière irréversible, on surgit de sa tombe-écriture, on se raidit au-dehors.

La mise à nu – cette durée infinie – commence. La violence intérieure se dresse, épine nue, hors de toute ombre protectrice.

6. Donc je ne relis jamais mes livres, surtout ceux qui sont autobiographiques. Je ne les relis pas pour ne pas me rappeler cette mise en quarantaine par moi-même, comme si j'avais transporté quelque maladie honteuse et qu'il me fallait m'isoler, ne pas contaminer les autres. Non, je ne relis pas mes livres, une fois publiés.

Est-ce que je veux souligner que l'auteur du texte autobiographique écrit sur une culpabilité qui se réveille et se révèle davantage ? Est-ce parce que je suis femme, est-ce parce que j'ai eu une éducation musulmane, est-ce parce qu'écrire devient nécessairement combattre et qu'il faut donc d'abord combattre contre soi-même ?

Il y a un mot splendide en langue arabe, qui laisse transparaître l'effort intérieur et également, dans cet effort, le rythme de celui-ci, son ahanement, c'est le mot *ijtihad.* Il signifie la « recherche », la recherche ardente sur soi, la quête intérieure et intellectuelle, et morale ; c'est pourquoi ce mot se trouve autant au centre de la pensée religieuse, quand elle commente un texte sacré, ou liturgique, que dans le domaine de toute création humaine.

Evidemment, un faisceau de questions, à propos du livre autobiographique, demeure. Dont la première, maintenant pour moi, serait : comment en sortir ? Comment retourner à la fiction qui masque l'autobiographie ? Comment me remettre dans des personnages imaginaires, flottants et légers, en somme comment retrouver les masques ?

Texte autobiographique ou texte de fiction, je pense, pour ma part, que, lorsque je commence un texte, l'essentiel est le mouvement, la mise en mobilité, du texte.

Alors, pourquoi, parfois, le démarrage se fait-il davantage à partir de l'écrit sur soi-même ? Le dynamisme du texte, son lent et secret déplacement, pourquoi devient-il plus aisé quand, pour ainsi dire, l'écriture se retourne sur elle-même ?... Pourquoi, chez certains auteurs, ne demeure que cette écriture-là, et pourquoi, à rebours, d'autres auteurs ont-ils besoin de rompre avec le retour sur soi, oublier l'attitude réflexive, s'en aller, s'éloigner dans une évasion apparente, permanente ?...

Texte de fiction ou texte autobiographique, pour moi, quand j'écris, l'essentiel au départ est la première phrase. Celle-ci se dresse soudain, suspendue, presque visible dans l'azur, mais c'est le rythme qu'elle dessine, qu'elle saisit, qui devient premier flux : je ne sais encore si ce début va se déployer sur vingt pages, ou sur cinquante, ou davantage. Mais c'est le départ, survient l'envol, la toute première respiration...

Sur quoi, ma voix se terre, s'infiltre en moi ; ainsi, j'écris. Dans ce vide où je me retrouve, d'autres voix, familières ou inconnues, peuvent approcher.

D'un silence l'autre

1. J'aurais dû intituler cette intervention non pas « d'un silence l'autre », mais « cinquante ans de silence ». Pourtant, comme il s'agit de femmes maghrébines, je me suis dit « cinquante ans », pourquoi pas « cinquante siècles de silence » ?

Cette notation de « cinquante ans » m'est donnée par le texte d'une femme née à la fin du siècle dernier, au village kabyle de Tizi Hibel, en 1882. Elle s'appelle Fadhma Aït Mansour. Elle est née d'une mère veuve et d'un père qui refuse de la reconnaître. D'une certaine manière, cette naissance illégitime va la mener tout droit à la langue, disons illégitime, c'est-à-dire la langue française.

Cinquante ans après avoir quitté l'école (c'est elle-même, plus tard, qui parlera du « cinquantenaire de sa sortie de l'école »), elle écrit, en un mois, son autobiographie. Cette tardive et rapide activité dans la langue autre va éclairer tout son trajet et lui faire remonter le flux jusqu'au-delà même de sa source, jusqu'à sa mère (jusqu'à la langue mère aussi) qu'elle rétablit, à sa manière, dans son royaume.

Reprenons quelques détails de l'enfance de celle qu'on connaît plus volontiers comme « la mère des Amrouche ».

La petite Fadhma, parce qu'« enfant de l'amour », va être le souffre-douleur de tous, petits et grands. Aussi sa mère – qui, elle-même d'ailleurs, avouera plus tard avoir tenté de la tuer, elle, bébé – l'envoie à l'une des premières écoles françaises que l'administration ouvre alors en Grande Kabylie.

La fillette, de l'âge de quatre ans jusqu'à quatorze ans, fréquente l'orphelinat de Taddert ou Fella, près de Mekla et de Fort National ; elle y vit toute l'année avec quelques filles de colons et de cafetiers français.

En 1892, Fadhma est reçue au certificat d'études. L'orphelinat est transformé, l'année suivante, en « Cours normal », dirigé par la même directrice dévouée, qui voudrait faire de ses élèves kabyles de futures institutrices. Puis Fadhma se présente au brevet élémentaire : elle, ainsi que quatre ou cinq jeunes filles kabyles, habillées en « *fouta* de soie, ceinture, foulard », voyageront jusqu'à Alger, en ce début d'été 1896.

« Nous fûmes trop remarquées » se souviendra Fadhma. « Kabyles et bien-pensants crièrent au scandale. » Aucune des candidates ne réussit ; plus grave, l'école fut fermée.

Fadhma retourne au village maternel ; après une autre tentative de réouverture de l'école, elle quitte, en 1897, définitivement l'école française.

Nouveau retour à la maison maternelle ; après un séjour comme aide-soignante à l'hôpital des sœurs blanches, Fadhma se marie à un Kabyle christianisé, Belkacem Amrouche. Ils vivront au village de Ighil Ali près de dix ans.

Puis ils s'exilent en Tunisie en 1909.

Ils auront cinq garçons et une fille. L'un des garçons, Jean, sera poète de langue française ; la fille, Taos Marie-Louise, romancière et surtout interprète sur les scènes européennes de chants berbères.

Ce sur quoi je m'arrête aujourd'hui, et qui nourrit cette amorce de réflexion, est le fait que Fadhma Aït Mansour-

Amrouche, cinquante ans, dit-elle, après sa sortie de l'école française, écrive en août 1946 un texte-document qu'elle intitule *Histoire de ma vie.*

Ces cinquante ans-là, dans la vie d'une Algérienne plusieurs fois transplantée et qui finit par coucher par écrit ses multiples déambulations, je les reçois comme un premier silence, rompu par ce livre.

Or, ce texte, pour Fadhma qui en est l'auteur, va la plonger dans un second silence, sur de nombreuses années.

« D'un silence l'autre », voici ce à quoi a risqué d'aboutir le premier texte important d'une Algérienne francophone, et cela à l'époque même où les quatre pères fondateurs – Feraoun, Dib, Mammeri et Kateb – faisaient connaître la nouvelle littérature algérienne !

2. *Histoire de ma vie* est la première autobiographie écrite par une Algérienne en langue française, et ce, cent seize ans après la prise d'Alger – capitale qui, faut-il le signaler en passant, capitule par un texte écrit en langue turque ; moins d'un siècle s'est écoulé depuis la conquête de la Grande Kabylie dont Fadhma Amrouche est originaire, elle-même née onze ans à peine après la dernière grande révolte de 1871, dans cette région.

Peut-être est-ce même la première autobiographie algérienne en français, de toute notre jeune littérature francophone. Certes, Mouloud Feraoun, instituteur kabyle, en écrivant *Le Fils du pauvre,* peu après la Seconde Guerre mondiale, l'a présenté comme un « roman ». Il s'abritait derrière cette volonté fictionnelle ; il se voilait presque, peut-être parce qu'il tentait d'avancer surtout au-devant d'un public français.

Fadhma Aït Mansour-Amrouche, parvenue à l'âge de

soixante-quatre ans, veut écrire, elle, la « vérité » de sa propre vie. Elle s'adresse à un seul lecteur potentiel : son fils Jean ; elle envisage même que lui, jeune poète, fasse de ce document matière à roman, roman qui serait alors de lui, et non plus d'elle. Comme si cette fille de paysanne ne pouvait prétendre au genre apparemment noble du roman.

Son humilité la fait au contraire, en ce mois d'août 1946 à Radès, en Tunisie, presque doublement auteur : par la nature d'« art brut », dirais-je, de ce riche mémoire, mais également dans le risque d'effacement du texte à peine séché que suggère le don maternel au fils qui pourrait à sa guise le déformer, le maquiller, s'en approprier. Il ne le fera heureusement pas.

3. Je pars aujourd'hui de ce texte non point pour une approche sociologique car, hélas, depuis sa parution, les commentateurs académiques n'ont considéré ce livre que, disaient-ils, « comme un récit de vie », lui déniant ainsi sa valeur littéraire et sous-estimant sa nature de texte-phare – phare, au moins, pour nous, écrivaines qui, confrontées au même poids de silence, nous sentons revigorées par la rudesse de ce texte...

Je suis mue encore moins par une volonté d'historiographe (la famille Amrouche étant, dans la francophonie maghrébine, comme un arbre déjà connu, dont Fadhma serait le tronc, et la mère de Fadhma l'enracinement : « une figue de Barbarie », l'appelle Jean Lacouture).

Simplement, à partir de ce texte d'une Algérienne en langue française, je me risque à débusquer quelques arrières symboliques.

L'adresse qui ouvre le texte autobiographique couvre une demi-page :

Ces voix qui m'assiègent

Maxula-Radès, 1er août 1946

A mon fils Jean,

Je te lègue cette histoire, qui est celle de ma vie, pour en faire ce que tu voudras après ma mort.

Cette histoire est vraie, pas un épisode n'en a été inventé, tout ce qui est arrivé avant ma naissance m'a été raconté par ma mère, quand j'ai été d'âge à le comprendre. Si j'ai écrit cette histoire, c'est que j'estime qu'elle mérite d'être connue de vous.

Je voudrais que tous les noms propres (si jamais tu songes à en faire quelque chose) soient supprimés et si tu en fais un roman, que les bénéfices soient partagés entre tes frères et ta sœur, en tenant compte de tes frais et de ton travail.

L'histoire, une fois écrite, sera achetée et remise entre les mains de ton père qui te la remettra après ma mort.

J'ai écrit cette histoire en souvenir de ma mère tendrement aimée et de Mme Malaval qui, elle, m'a donné ma vie spirituelle.

1er août-31 août 1946
M. Amrouche

Face à cette ouverture, écrite en août 1946, mettons en parallèle une seconde dédicace, écrite celle-là seize ans plus tard, en juin 1962, et qui ouvre un épilogue de plus de dix pages, écrit en une seule journée :

Cette suite, je la dédie à ma fille Taos, Marie-Louise Amrouche, en souvenir des ancêtres, de la vieille maison abandonnée, en souvenir du pays kabyle que nous ne reverrons sans doute pas.

En souvenir de son père et de ses frères morts, je lui lègue tout ce dont j'ai pu me souvenir, ces lignes si maladroites, car ma vue baisse de plus en plus, et mes mains tremblent, et il me faut faire des efforts pour écrire de façon lisible. J'ai eu tant de malheurs !

Ainsi, entre le récit de Fadhma déroulé tout d'une traite, dans le seul mois d'août 1946 (alors qu'elle venait à peine de surmonter d'avoir perdu, en très peu d'années, trois de ses fils, tous hommes faits et partis en France avant la guerre), et cet épilogue ajouté en 1962 – où elle dédie enfin le livre entier à sa fille Taos, entre ces deux écritures donc, se sont écoulées seize années.

Pendant tout ce temps, le cahier est resté dans un tiroir fermé à clef, et, nous précise-t-elle, « la clef pendue à la chaîne de la montre de Papa », c'est-à-dire du mari Belkacem.

Seize années durant, le texte écrit est demeuré sous scellés, cacheté ; sous surveillance à la fois maritale et paternelle... Texte non publiable : fermé, rendu illisible (sinon, sans doute, par le fils Jean, au cas où il aurait décidé de le remanier, de l'« enjoliver ») ; texte, en somme, silencieux.

4. « D'un silence l'autre », ai-je défini cette autobiographie de francophonie algérienne.

Le premier silence dure environ quarante ans, ou un peu plus.

Fadhma, de vingt ans à la soixantaine, n'est pas tentée par le « pacte autobiographique ». Sa vie ordinaire, trop ordinaire, d'épouse, de mère de six enfants, d'émigrée à partir de 1909 – qui doit lutter, près de son mari, pour la survie quotidienne et pour le mieux-être des siens, cette vie, comme pour ses voisines du quartier populaire tunisois, a absorbé toutes ses forces de jeunesse...

Mais Fadhma a emporté, et surtout sauvegardé, sa langue – celle de Aïni, sa mère, celles des montagnes kabyles. A peine le trop-plein d'émotions, de fatigues ou des nostalgies de l'exil survenant, elle pousse de la voix : les chants et les poèmes anciens berbères l'habitent avec violence. Sa langue, à laquelle elle retrouve des ailes, lui est seule consolation. Bien plus, elle improvise.

En fait, elle s'allège, ou retrouve force : en créant, dans les mots maternels de la langue sauvée, ses *lyrics,* en les criant, en se libérant ; et ses enfants qui, à ses pieds, la regardent ; qui, plus tard, en seront hantés !

Mise en jachère, jusque-là, de l'écriture, pour se souvenir ; pour se raconter : aucune nécessité ne taraude, pour l'instant, Fadhma, jeune mère, de revivre son passé ; le flux de la vie errante, nomade, prolétaire ne lui laisse guère de répit.

Par ailleurs, à Tunis, la belle-mère – mère de Belkacem – a suivi la famille. C'est elle, la plus vieille, qui parle berbère aux enfants ; elle qui converse avec « son » fils en langue de la tribu...

Fadhma, elle, se réfugie dans ses livres de poésie française (son Victor Hugo, son Lamartine devenant ses compagnons, grâce à Mme Malaval, l'institutrice disparue).

Fadhma parle français avec ses enfants ; elle semble même se réfugier – elle et ses rêves – dans cette langue, langue de son mariage, de son secret conjugal, de ses évasions. Pas encore celle de son écriture.

La tentation de regarder sa vie par-dessus son épaule, de se redire son trajet – avec au bout, au loin, la silhouette de sa mère Aïni, la plus que combattante –, ce désir d'inscription en français ne l'atteindra qu'après ses soixante ans : et seulement alors, sur le tard, le français s'avérera, pour elle, *langue de la mémoire* puisque, pour Fadhma comme pour toute la tribu, le berbère ne s'écrit pas, se chante seulement.

Après la guerre, en 1945, et ses trois fils morts, le triple deuil est trop lourd. Fadhma se sent brisée. Elle ne chante plus ; elle s'imagine au bout... au bout de quoi, après tous ses malheurs ? Presque avec le désir de mourir... En effet, elle n'évoquera que sa mort seule, au cas où le texte serait publié.

Ainsi, elle se met à écrire : et c'est pour Jean le fils, le lettré. « Il en fera un roman », se dit-elle avec naïveté. Mais c'est aussi – je le suppute – grâce à sa fille unique, qui est rentrée d'Espagne, qui a écrit, elle, ou est en train de terminer un premier roman...

Peut-être que Taos Marie-Louise – trente-trois ans a-t-elle et elle vient d'avoir un bébé –, peut-être donc que la fille a poussé solidairement sa mère (qui, se dit-elle, doit enfin sortir du deuil) :

« Et si tu écrivais ta vie ? » Taos a dû penser, ou lui dire : « Ta vie est exemplaire, sais-tu ? »

Emulation de la fille, première romancière, auprès de la mère sexagénaire et qui deviendra, elle, la première autobiographe... Décidément, le « pacte autobiographique » cher à Philippe Lejeune n'est pas prévu aussi variable, aussi aléatoire quand il s'agit ainsi d'une écriture, pour ainsi dire, couplée : mère et fille, la première écrivant, la seconde la suivant, la première continuant...

Tout ce mois d'août 1946 – juste avant, sans doute, que Taos, à son tour, avec mari et enfant, finisse par aller vivre à Paris – Fadhma écrit, écrit sa vie ; écrit en français. Elle écrivit peut-être jour et nuit, dans un long fleuve de mémoire vive, tout ce mois d'été ensoleillé, le premier été de l'après-guerre, de la paix revenue, du passé réécoulé.

Fadhma reprend possession de sa vie, en l'écrivant à soixante-quatre ans : quarante ans ou davantage de silence, d'un silence d'avant elle – celui d'Aïni rejetée par son frère, affrontant tout le village puisque veuve, elle qui a osé aimer, avoir un enfant sans père reconnu, Aïni et ses procédures auprès du juge français...

Un double silence soudain et qui se termine, qui s'ouvre, qui navigue en mots français... Un silence, il est vrai, habité pour Fadhma, malgré les décennies d'émigration, plein à craquer de chants, de poésies, de vers en lambeaux clamés, envolés, un silence berbère parfois illuminé, et, la plupart du temps, un silence lourd de beaucoup d'amertume, de fatigues et de rêves éparpillés...

5. Mais c'est le second silence qui me frappe par son étrangeté : car le texte terminé a été matériellement clôturé, depuis août 1946 jusqu'à la mort de Belkacem au moins, intervenue en janvier 1958. Un silence de douze ans d'affilée. Et cela, décidé par l'auteur(e) elle-même.

Au milieu de ces années, une hésitation l'a secouée, elle ; Fadhma l'avoue presque à demi, au début de son épilogue.

Ce tiroir – où est rangé le cahier –, « j'avais essayé de l'ouvrir à Ighil Ali, en 1953, mais je compris que cela déplaisait au Papa, et, comme je ne voulais pas le chagriner, je remis le cahier dans le tiroir ».

En 1953, à Ighil Ali (puisque, à propos de cette tentation d'« ouvrir » le texte, Fadhma a éprouvé le besoin de nous en communiquer l'année et le lieu), le couple de Fadhma et de Belkacem est revenu définitivement en Algérie. La maison y a été construite ; les enfants vivent tous en France, mais quoi, la retraite, durement acquise, permet – permettrait – une vieillesse heureuse, et à deux !

Dans ce répit nouveau, au creux de cette sérénité retrouvée à cause des montagnes, et de leur majesté, soudain Fadhma tourne autour du tiroir, du cahier... La somme d'une vie, de sa vie. La trace de ses enfants morts. La raison justifiée du départ premier, du retour maintenant...

Fadhma ne nous l'avoue pas explicitement : tentation nouvelle peut-être de voir le texte rendu public ; ainsi, dans sa forme d'origine... Jean est loin ; Jean a ses affaires, ses écritures... La vieille Fadhma a ressenti un désir soudain, ou diffus, de se savoir auteur(e) de sa vie publiée ; peut-être... Mais Belkacem – lui, le Berbère chrétien qui n'a jamais voulu quitter sa chéchia, le mari-« Papa » doux, silencieux, discret, sans se sentir ni le maître, ni le censeur (mais quoi, tous les siens, la famille, la tribu vers lesquels ils sont revenus, comment ces montagnards prendraient-ils cet étalage possible, inconcevable, inopportun ?) –, Belkacem, « cela lui déplaisait », écrit simplement Fadhma.

Puis, dans la même phrase, elle ajoute : « je ne voulais pas le chagriner » ; et le cahier retourne au tiroir fermé à clef.

Les Amrouche, le vieux couple de retraités chrétiens, de retour de Tunisie, s'installe au début de l'été 1953 à Ighil Ali, dans la maison qui attendait : deux pièces à l'étage, en bas, au rez-de-chaussée, « Belkacem y place son établi de menuiserie ». Il y eut des travaux : « une véranda vitrée de onze mètres de long sur cinq mètres de large » pour le balcon. Belkacem s'occupe du chauffage, de faire mettre l'eau courante et l'électricité... Il fait crépir le mur ; il veille sur le figuier de la cour.

Cette installation terminée, « nous finîmes tranquillement cette année 1953 ».

Et Fadhma ajoute, rêvant encore à ces modestes plaisirs :

« Le soir, nous nous promenions sur la route, parfois jusqu'à l'école, en direction de la gare. »

Est-ce durant cet automne 1953, au milieu de tous ces travaux de l'ultime installation, que Fadhma eut cette tentation de rouvrir le cahier, de le relire, peut-être d'ajouter tout haut :

– Et si on l'envoyait aux enfants, à Paris, pour qu'il soit publié ?

Oui, tentation de se savoir auteur(e)... D'imaginer quelques lecteurs... Mais Belkacem, remonté de son établi, a dû hocher la tête, faire une moue de dénégation. « Ne pas chagriner Papa », conclut l'épouse. Le deuxième silence se poursuivra.

Il est vrai que l'année 1954 commence ; à partir du déclenchement de la guerre d'Algérie jusqu'à la mort de Belkacem, en janvier 1958, Fadhma dut abandonner tout désir de rouvrir ce cahier...

La tourmente de la vie quotidienne (visites des maquisards de nuit, chez Belkacem, multiples alarmes dues aux contrôles fréquents de l'armée française) justifia amplement le gel de l'écriture de Fadhma.

6. Jusqu'à ce jour du 16 juin 1962.

Quatre ans après la mort du mari, mais aussi deux mois après celle de Jean le fils adulé.

Fadhma, âgée de quatre-vingts ans tout juste, se retrouve comme à l'après-guerre, en 1945 et 1946 : écrasée par le deuil. Elle va de nouveau écrire : non pas durant un mois, mais pendant un jour, un seul jour d'été, elle écrit l'épilogue alors que, dit-elle, « ma vue baisse de plus en plus, et mes mains tremblent, et il me faut faire des efforts pour écrire de façon lisible ».

Et elle gémit : « J'ai eu tant de malheurs ! »

Tout de même, elle écrit.

Belkacem enterré (« des obsèques dignes du nom qu'il portait »), Fadhma a dû affronter son veuvage, le départ douloureux loin de ces montagnes où elle se voyait mourir, la recherche d'une installation en France, chez l'un puis l'autre de ses enfants ; elle vit avec Taos, puis elle quitte Paris pour une retraite calme en Bretagne, auprès de religieuses.

Elle avait relu son livre, avant sans doute la plus terrible des épreuves : supporter la mort prématurée de Jean le poète, en avril 1962. Jean qu'elle voyait à la fois son dédicataire, mais tout autant le second auteur : lui, le fils intellectuel, célèbre, directeur d'édition, journaliste novateur de radio... Jean le tant aimé et qui meurt avant elle !

Taos, qui a commencé à être reconnue comme cantatrice berbère par un grand nombre de connaisseurs et par sa communauté émigrée, Taos est là, tout près : droite, vaillante, à la fois fidèle et... (dirait presque sa mère) « virile ».

Cette fois, certainement, c'est de sa fille unique que la mère de cinq garçons reçoit une poussée. Poussée pour la relecture du texte qui attend et poussée de nouvelle écriture.

Le 16 juin 1962 (on annonce l'indépendance de l'Algérie pour dans quelques jours), Fadhma reprend la plume.

Elle écrira toute la journée. Elle écrira un épilogue de dix pages qui seront imprimées, probablement vingt à vingt-cinq pages de son second cahier : « La suite », dit-elle. Une sorte de long post-scriptum.

Tournée dès le début vers sa fille – l'héritière des chants, la consolatrice de ses derniers jours, surtout l'émulatrice pour ce retour à l'écriture –, Fadhma, en une longue journée d'été, se remémore ses toutes dernières années.

« C'est une histoire d'émigration », a-t-elle dû se dire. Alors il faut raconter, même brièvement, le retour. Qui dit émigration dit retour, pour les Kabyles. Et justement dans la maison prête depuis tant d'années !

Tout donc a été réalisé et il faut le dire. « Donc l'écrire », a dû insister Taos... Car celle-ci – c'est presque sûr – a dû user de sa confiance, de son amour, de sa raison pour, en relisant avec la mère le texte premier, lui faire admettre que le récit, tel qu'il se présente, constituera un véritable livre. Riche. Utile. Vrai.

Ne reste à écrire que le retour ! Et l'une et l'autre – mère et fille – pensent toutes deux, sans se le dire à haute voix, « écrire également la mort du père ».

Une seule journée de juin 1962, deux semaines avant

l'indépendance du pays, avant les fêtes qui ne manqueront pas à Ighil Ali.

Exilée, la narratrice de quatre-vingts ans, baignée par la lumière pâlie de la Bretagne, s'est réinstallée, un porte-plume à la main, un second cahier d'écolier ouvert devant elle.

Elle écrit. Comme à Radès, en Tunisie, seize ans auparavant. Elle raconte « leur » guerre d'Algérie au village, eux les retraités christianisés revenus à la terre ancestrale. Les émigrés qui ont « réussi ». Fadhma écrit la mort de Belkacem, ce jour de janvier 1958.

Elle continue sur son départ douloureux, sur ses essais d'installation en France. Elle retrace cela plus sèchement, comme un mémorandum... Elle se tourne vers sa fille, en finale, pour lui donner un conseil de mère, de mère kabyle, avec les dictons du pays. Taos, au début comme à la fin de cet épilogue, se tient seule dans le texte maternel.

Enfin, à elle, la fille, la continuatrice, le livre maternel est donné. *Histoire de ma vie* est dédicacé à Taos, la fille, au bout de cette traversée de seize années. Au bout de ce second silence !

Le soleil couchant, dans ce coin de Bretagne où Fadhma écrit, approche. La vieille dame pose la plume. En cette journée du début d'été 1962, Fadhma Aït Mansour-Amrouche a terminé son œuvre.

Le manuscrit, de 1963 à 1967, voyagera d'un éditeur parisien vers un autre éditeur, et cela, pendant cinq années. Enfin, grâce aux éditions François Maspero, au printemps 1967, quelques semaines avant de mourir, Fadhma Amrouche apprendra que son livre sera publié, précédé d'une préface de Kateb Yacine.

IV

Ecriture de la mémoire

Toutes ces pierres à édifier
Toutes ces fissures à pénétrer
Toute cette lave à traduire
Tous ces brasiers à restituer
Toutes ces parallèles à rassembler
Toutes ces archives du corps
Tous ces labyrinthes de l'âme
Tous ces mots à innover
Toute cette parole à décliner
Tout ce langage à investir

Pour carder le mystère
Et soustraire l'étincelle aux chardons

Andrée CHÉDID,
Les Chantiers de la poésie.

Taos ou le chant du phénix

I

1. Taos Amrouche, la fille de Fadhma Aït Mansour-Amrouche, est amenée, pour parler des chants anciens berbères qu'elle commence à interpréter en public, à évoquer ainsi sa mère :

« Elle nous paraissait bien extraordinaire, cette mère à nous, ses enfants, mille voix parlaient par sa bouche, et nous sentions, mais si confusément, qu'en elle vivait une multitude d'êtres.

On eût dit qu'elle berçait en chantant une douleur très ancienne, une douleur qui n'avait pas sa source en elle, qui la dépassait, mais les chants qui coulaient d'elle intarissables ne nous étonnaient pas, nous n'aurions su les distinguer les uns des autres, étaient-ils seulement beaux, nous n'aurions su le dire, ils étaient notre climat, nous ne les séparions pas de notre mère, nous avions l'impression de les connaître depuis toujours...

Nous n'avions pas découvert que les moindres tressaillements de notre âme ont été chantés, et que seuls ont survécu les accents authentiquement beaux, ceux qui expriment une vérité durable sinon éternelle.

Nous constations seulement qu'il n'était pas une souffrance aussi enracinée et lourde soit-elle qui pût résister à la vertu souveraine et apaisante de certaines de nos complaintes. Mais il était dit que nous sortirions de cet état d'inconscience dont j'ai honte aujourd'hui.

Il était dit que j'en émergerais la première et que je n'envisagerais plus les vingt-deux ans qui se sont écoulés jusqu'à mon réveil que comme la période ingrate qui prépare à une découverte, à une révélation, ou à une conversion. »

Cette révélation, elle l'appellera plus tard « ma seconde naissance ».

2. Dans quelles circonstances Taos est-elle amenée à cette « découverte » ou à cette « seconde naissance » ?

Elle se trouvait, en août 1935 à Bône, où son frère Jean était professeur. Elle a alors vingt-deux ans et elle vient de faire, l'année précédente, un séjour à Paris dans une pension d'étudiantes – cela s'est mal passé, elle n'a pas supporté le climat parisien dans cette pension où sa trop forte personnalité lui a causé des ennuis qu'elle évoquera plus tard dans *Jacinthe noire,* son premier roman.

Sur quoi, elle rentre chez ses parents, en Tunisie, puis décide de passer les vacances d'été à Bône (aujourd'hui Annaba), chez Jean, son aîné de huit ans.

Un soir, alors que son frère, dans une pièce à côté, donne un cours à un élève, Taos est saisie d'une vive impression d'exil, une sorte de *ouahsh,* c'est-à-dire de spleen ; à ce moment-là « j'ai entendu en moi la voix de ma mère qui chantait ses chants ! » raconte-t-elle.

Cette voix qui l'habite, est-ce une poussée de nostalgie violente – car elle est loin des parents mais, certes, près du frère ? Ne serait-ce pas, après tout – rêvons un peu –, qu'elle se retrouve à Annaba-Bône, l'ancienne Hippone, la ville de saint Augustin... Cité ancestrale, au sens fort du terme, pour cette Berbère christianisée : elle et son frère ne viennent-ils pas de traverser une adolescence embuée de mysticisme ?...

Ainsi, là, en Algérie, elle n'est pas vraiment en Kabylie, mais elle se sent comme en suspens de son trajet d'exil...

Quand elle entend la voix de sa mère qui chante en elle, elle désire entonner le même chant, elle commence, fredonne, puis se dit : « Non, je le chante si mal ! »

Sur quoi, Jean, qui vient de terminer son cours, en entendant sa sœur chanter de l'autre côté de la cloison, reprend à son tour le même chant maternel.

Alors Taos remarque : « Et lui, il le chante encore plus mal ! »

A ce moment-là, précisera-t-elle, elle a une vraie révélation : ce chant, se dit-elle, lui ramène à la fois sa mère et quelque chose de plus !

3. Quand, peu après, elle rentre à Tunis, elle supplie sa mère de lui chanter les chants. Fadhma (âgée alors de cinquante-deux ans) ne comprend pas pourquoi Taos est ainsi transformée, et si insistante : « Il faut **que** j'apprenne les chants et que je les chante ! »

Deux ans plus tard, c'est la première intervention, à Radio-Tunis, comme chanteuse, de Taos. En 1938, en effet, grâce à un hasard heureux – le grand poète surréaliste Philippe Soupault, arrivé de Paris, dirige cette radio ; il se lie avec Jean le poète –, Taos fait connaître au public cette mémoire berbère !

Les chants de la mère sont ainsi soudain projetés pour un public nord-africain, portés par la voix ample, ardente de la fille ! Oui, il s'agit bien d'une « seconde naissance », pour ce patrimoine authentique, que la radio, dans son développement, justement, va ensuite menacer, en risquant d'altérer cette authenticité poétique !

Pour l'heure, quelque chose est passé de la mère à la fille, toutes deux Berbères transplantées : un flux de transmission grave, essentiel.

Taos Amrouche, la voix-mémoire de la Kabylie, est vraiment née entre 1935 et 1938 : seconde véritable naissance ! Elle vivra les trente années suivantes partagée entre l'écriture de ses romans, de son recueil de contes berbères *(Le Grain magique),* et cette passion d'oralité ancestrale qui l'habitera de plus en plus.

II

En 1935, Jean Amrouche est déjà un poète, et il a une réputation d'écrivain d'avenir. Or, il est en train d'écrire des poèmes, *Cendres,* qu'il va publier peu après.

Lui aussi, après cette soirée de Bône-Hippone qu'a rapportée Taos, il intervient à la radio de Philippe Soupault, en 1937... Des poèmes chantés par sa mère, Jean en propose une traduction en vers, plutôt une transposition en langue française, et il y ajoute une magnifique préface :

« Avant que j'eusse distingué dans ces chants la voix d'un peuple d'ombres et de vivants, la voix d'une terre et d'un ciel, ils étaient pour moi le mode d'expression singulier, la langue personnelle de ma mère.

C'est une voix blanche, et presque sans timbre, infiniment fragile et proche de la brisure ; elle est un peu chevrotante, et chaque jour inclinée vers le silence, son tremblement s'accentue avec les années. Jamais rien n'éclate, pas le moindre accent, pas le moindre effort vers l'expression extérieure. En elle, tout est amorti et intériorisé ; elle chante à peine pour elle-même, elle chante surtout pour rendormir et raviver perpétuellement une douleur, d'autant plus douce qu'elle est sans remède.

C'est la voix de ma mère, me direz-vous, et il est naturel que j'en sois obsédé. Elle a recueilli les chants du pays Zouaoua, son pays natal, et aussi les chants des Aït Abbès, pays de mon père... »

La voix de la mère, « proche de la brisure », apparaît comme le contraire de la voix ample de Taos qui va, comme le remarque Olivier Messiaen l'entendant chanter dans les années cinquante, à Paris, « du contre-alto le plus grave au soprano le plus aigu ».

Car Taos conserve tout des chants anciens maternels, mais avec une voix magnifiée – voix de conquérante, voix de guerrière, la voix de quelqu'un qui lutte, de quelqu'un qui, par une extraordinaire poussée vocale, revit tout un passé qu'elle veut transmettre aux autres, dont elle veut donner une présence quasiment liturgique.

Pourtant, cette chanteuse sauvage est bien l'héritière de sa mère : l'énergie de Taos, poussant de la voix, reste « tout intérieure ».

Cette jeune femme de vingt-cinq ans, quand elle commence à sentir que ces chants anciens sont plus que des chants, toute une mémoire déployée en ramures, en griffures et en vibrants déchirements, Taos donc, encore si jeune, tient à raviver ce passé berbère et cet ancrage, ces lamentos de l'austère liberté déchaînée puis s'essoufflant dans les révoltes.

Taos cantatrice est tout autant archiviste ; elle se voit, à travers ces rythmes, chevauchant les générations : sa voix semble venir du fond des âges. En même temps, elle est interprète certes, mais pas comme sa mère, qui chante seulement « pour bercer sa peine » – car Fadhma restera celle qui chante pour elle seule, maintenant que les enfants grandis se sont éloignés...

Pourtant, entre mère et fille, entre cette mère et cette

jeune fille, s'est opérée une transmission – c'est-à-dire une fidélité, une eau qui coule, même si, au moment du passage entre les deux voix, entre les deux âges, peut-être entre les deux destins –, dans cette transmission, s'est manifesté comme un changement de valeur.

Car, avec Taos, ce n'est plus un oued de montagne qui s'écoule ; avec la passion de Taos – violence vocale certes, mais effervescence du cœur, sans nul doute – un bouillonnement obscur des contraires monte. S'opère un déplacement de registre, une amplification qui n'est pas de nature seulement musicale.

Peut-être peut-on se sentir davantage ému par cette voix blanche de la mère, voix tremblée, voix presque ordinaire d'une femme je dirais ordinaire, si ce n'était quand même une femme extraordinaire, Fadhma Aït Mansour, auteur de ce magnifique livre qu'elle écrit peu après, *Histoire de ma vie...*

Taos, elle, dans le chant ancestral, est entrée à la fois en femme de théâtre, en comédienne, en cantatrice. Berbère, elle l'est, et entière : Berbère barbare et Berbère de raffinement.

Surtout, elle semble nous lancer ces chants violemment, fièrement, à la face : peut-être faut-il vraiment cet envol sonore formidable, spécialement pour nous, les oublieux de la langue ancienne ! Peut-être que, dans la culture algérienne, ou même maghrébine, de ces dernières décennies de la colonisation (et d'une post-colonisation culturelle qui n'en est pas vraiment une, encore), la vitalité, la virilité ou plus exactement la force androgyne de cette voix de Taos – elle, la « paonne » et l'indomptable –, cette voix est la seule à nous restituer la beauté irréductible de notre passé et notre désir obsédant d'unité.

Ces voix qui m'assiègent

« Taos ou le chant du phénix » : cette belle définition lui fut donnée par André Breton qui, en l'entendant en février 1955, écrit à propos de ses chants anciens :

« Ces merveilleuses monodies, par quel miracle venu du fond des âges, rien moins que le chant du phénix consumant toutes les ardeurs et débusquant l'aurore du sein d'un buisson de larmes... »

Puis il termine ainsi son éloge de Taos :

« ... Tout le sacré du monde et aussi la certitude d'une tradition orphique, se transmettant d'une manière plus élective et mystérieuse qu'aucune autre, tiennent dans cette braise qui palpite dans la voix de Taos. Elle, par tous ses traits visibles, la reine Néfertiti dans une autre existence. »

Anamnèse...

1. Ecrire, retour au corps, tout au moins à la main mobile.

D'abord, un détour par la mère : tourner le dos aux belles endormies, aux mélancoliques silencieuses, à celles qui surveillent en vain le seuil. Oublier les jardins clos, les voix qui penchent, les cours sans fenêtres au-dehors, ouvrant vers le ciel immobile et tenace. Renier une fois, une seule fois mais pour longtemps, le regard là-bas de celle qui attend : regard d'une autre, ou de la même, d'une autre qui a cru vous devancer, qui s'est immobilisée.

Anamnèse ? Non, d'abord poussée en avant et, tandis que la main commence à courir sur la feuille, les pieds s'agitent, le corps prend son élan, les yeux surtout, les yeux se fichent vers l'horizon cherché, trouvé, qui glisse loin, qui se noie tout près... Ne compte que la première lueur, que la lumière, que le soleil persistant jusqu'au cœur de la nuit.

Ecrire ou courir ? Ecrire pour courir ; se souvenir certes, et malgré soi : non du passé, mais de l'avant-mémoire, de l'avant avant la première aube, avant la nuit des nuits, avant.

2. Ce serait donc une écriture de fuite, disons une écriture de coursière (quelle monture pour ma fièvre inlassable et

mon doute ?...) : écrire d'un souffle scandé par poussées, par brassées, par apnées...

Ecrire pourquoi pas les yeux fermés, en pleine avancée, telle la marche sûre de l'aveugle dans la foule. Yeux fermés pour le mouvant en soi qui s'irise, qui tournoie, qui penche. Surtout ne pas m'immerger dans le souvenir de celui-ci, ne palper que la soie, que sa lente déchirure. Inventer plutôt l'oxygène à libérer, l'espace neuf à étirer, la navigation ni folle ni sauvage, seulement bien assurée.

Ecriture non de fuite ; non, de survie. Quand j'irai à Oklahoma City, l'automne prochain, je commencerai ce qui sera un long poème – poème au rythme d'une marche, comme si j'allais là-bas portée par quelle lente caravane du passé, comme si je me disposais à rejoindre là-bas les Indiens parqués du siècle dernier, qui bien sûr m'attendent, comme si j'allais retrouver tant de fantômes, les miens certes et leurs semblables – poème dont je ne connais que le titre, sachant qu'il comportera treize stations.

Je commencerai ainsi, à l'automne prochain : *« écrire tout près, non, tout le long de l'abîme »*.

« Tout le long » certes est aussi important, peut-être plus que le dernier mot : « l'abîme »... « Tout le long », parce que ce sera, c'est déjà une course immobile, voyage intérieur, ou déambulation sans arrêt, sans délai, ni halte ni répit (« les amis tombent là-bas, ô pauvre cœur ! » ma voix du sommeil fredonne ainsi en pleine nuit, si je me réveille...). Une avancée lente ou de précipitation selon le cas, mais toujours en avant. Ainsi, à peine ai-je voulu, en développant ce thème de l'anamnèse, établir un bilan, que déjà le contraire du projet se présente et s'impose.

3. Anamnèse donc...

Je sortais de *Vaste est la prison,* il y a un an... Est-ce que vraiment j'en suis sortie ? Prison dont on élargit les murs, dont on creuse la durée – telles ces grottes préhistoriques où, peu à peu, les fresques des parois sahariennes apparaissent, disparaissent, les a-t-on rêvées, les a-t-on rencontrées pour de vrai ? Femmes chasseresses qui, sur la paroi, enjambent quoi, parmi autruches, et buffles, épient quelle issue, là, en un éclair, sur la paroi ?...

Vaste est la prison : à peine le roman écrit, des trous, une fois apparus, se sont élargis derrière la pâte du texte : seraient-ils des trous de mémoire ?

Par eux, maintenant s'engouffre soudain un vent, une tornade ou un simple déplacement d'air subtil, minime... Trous de mémoire inattendus, par exemple celui-ci.

« La mère de ma grand-mère est morte dans un accès de douleur : son mari non seulement prenait seconde épouse, mais lui demandait à elle de s'occuper de la noce !... Elle vit de ses yeux l'époux entrer en jeune marié dans "leur" chambre conjugale.

Elle avait veillé à tout : aux invités, au protocole, au festin. Tout se déroula selon la règle. Ensuite... ensuite, elle est tombée ; malade et muette deux jours, le troisième, on fit pour elle la prière des morts. »

Ainsi a surgi soudain (évocation échappée devant moi par une vieille parente) ce qu'avait dévoré l'oubli de générations de femmes. Et le trou de mémoire vous paraît alors un puits, ou une tombe !

Cela s'est passé dans l'adolescence de ma grand-mère ; cela que je n'ai jamais su, cela que ne m'a jamais raconté ma mère, ce qu'elle n'a jamais appris en mots, ce qu'elle a sans doute à peine deviné : transmission occultée et qui pourtant, disons soixante-quinze ans, non, quatre-vingt-dix ans plus tard (car ma grand-mère, vivante maintenant, serait centenaire) –, et ce sur quoi elle a fait ombre, qu'elle a plombé, elle et toutes les autres femmes alors autour d'elle et avec elle, à savoir cette mort tragique de la première mère – morte de jalousie, d'impuissance, morte de l'inguérissable blessure infligée par la cruauté de l'époux, affichée tranquillement.

Cela même qui aurait dû sauter au visage de toutes – et elles se seraient toutes mises à pourrir, à mourir lentement –, c'est cela qui aurait dû être et qui ne l'a pas été tout d'abord chez la grand-mère !

Elle, adolescente de quatorze ans, prête à conclure ses précoces noces, ou s'étant déjà mariée juste avant, elle soudain a voulu effacer la mère et sa défaite, la mère abattue, emportée et vite enterrée. Elle, la grand-mère, à cette occasion s'est durcie, s'est armée d'énergie virile, mais aussi de silence vorace et de la boue de l'oubli.

Oubliant, ou faisant semblant d'oublier l'insupportable douleur de la défaite maternelle. A ce prix, la jeune fille (c'est-à-dire ma grand-mère) vivra, elle, dans une force entrevue en cette seconde, puis peu à peu réacquise par une lutte de tous les instants. Elle tournera le dos à la mémoire – avec ses crêtes, ses aspérités, son désert aussi et sa stérilité. Elle se présentera à moi, pour finir, en aïeule virile. Sans vouloir nous communiquer le prix qu'il lui fallut payer : d'un coup, puis chaque jour silencieusement. Elle, installant en somme un gouffre dans son dos, inversant désormais son rôle sexuel, elle se voudra pourtant pour moi – la fillette des veillées d'autrefois devant la braise – la transmetteuse, la parolière des hauts faits et gestes.

Inversion, alors, de cette mémoire. Elle s'est masquée pour moi, elle, la gardienne ; elle me racontera avec persévérance chaque soir – ses paumes rougies de henné réunissant mes menottes dans leur chaleur – l'histoire de la tribu. Elle s'adoucissait enfin dans ce rôle, pour ce dire, pour ce fil doré.

Fil de vie certes, même si ce fut pour garder trace des combats masculins – devant la conteuse assise, accroupie à ses genoux, la fillette écoute : derrière l'écran de cette gloire restituée, une femme pourtant n'en finit pas de tomber, syncope fatale de l'épouse vaincue à en mourir et elle meurt encore.

La fille de cette défunte, la voici, cinquante ans après, qui me relate les souvenirs de... son second époux, à moi, fillette accroupie à ses pieds. Cinquante après, à mon tour, j'immobilise la voix de l'aïeule dans mon texte d'écriture française. J'intercepte ce son arabe. Qui éteint une lancinante douleur de femme (la première mère avalée dans l'oubli) pour raviver l'ardeur de feu du noble époux : glissement, inversion, trahison des femmes ? Stratégie obscure pour, sur la cime de cette mémoire cahoteuse, pouvoir continuer, survivre, espérer en dépit de tout.

Ainsi en fut-il de cet étrange déni de la mère d'autrefois ; de la morte abattue ; qui s'est elle-même abattue ! Car la fille, adolescente, toute prête sans doute pour ses noces, a pris peur. A voulu d'un coup oublier.

Renier la mère, l'immolée.

Anamnèse ?

4. J'ai dit « trous de mémoire » resurgis dans ma quête de *Vaste est la prison ;* il y a aussi les pertes de voix, en premier l'aphasie maternelle, lorsque la mère était fillette – perte qui dura une année entière.

Et je pense soudain à la poétesse iranienne, morte si jeune, à trente-deux ans, en 1968 dans une rue de Téhéran :

La voix, la voix, la voix
C'est seulement la voix qui reste
Pourquoi je m'arrêterais ?...

Ce fut l'un de ses derniers poèmes, cette poétesse d'« une autre naissance », elle qui, depuis si longtemps, me hante : Forough Farrokhzad.

« C'est seulement la voix qui reste. » Or la mère, fillette de six ans qui demeura muette une année puis a voulu l'oublier, la mère – ma mère tout ce temps silencieuse (« saison froide ») – avait dû vouloir partir dans le sillage de la sœur, Chérifa, disparue. Partir ? Elle, la cadette qui se voulait la suivante de Chérifa ; sa voix qui s'évapora à l'instant des funérailles l'avait peut-être précédée, peut-être même tentait dès lors de l'attirer là-bas, au-delà du Léthé...

Un an durant dans ce tunnel, dans ce silence blanc, la fillette dut chanceler, pencher au-dessus du gouffre frôlé. Jours de vertige, tous ces mois sans mots, sans prière, sans soupirs. Seuls les yeux faisant face aux autres, ne les fixant pas, quêtant au-delà quoi donc, sinon la voix qui ne revenait pas... Vol d'alouette figée dans un ciel d'acier ! La ville au bord de la mer, avec son port antique et son phare de vingt siècles immuable, la ville attendait à son tour...

Et si tout se passait à chaque fois ainsi, du moins dans mon pays aujourd'hui, tout en violence, en tourmentes, en grondements bâillonnés ?

Oui, si tout se passait ainsi : à savoir que pour toutes, les disparues (pour Chérifa morte hier de la fièvre typhoïde, combien de jeunes filles, de femmes fortes, d'Algériennes sont tombées ces dernières années, assassinées ou lentement sacrifiées ? Pour seulement une année, nous en compterons au moins soixante, ou davantage), pour chacune de celles-ci, pour chaque Iphigénie d'Algérie actuelle, ou pour chaque Antigone par nul fiancé accompagnée à la tombe, vivante pour y attendre la mort, oh oui, à la suite de la première mère – la mienne –, et à cet effort d'anamnèse que sa douleur si ancienne m'a imposé, je sais donc, je suis sûre que, pour chaque femme contrainte à mourir en plein soleil, pour chaque sacrifiée, pour chaque départ d'immolée, une fillette, une seule, tout près dans ce voisinage perd sa voix, des semaines ou des mois, ou plus longtemps encore, quelquefois définitivement.

Visage de l'enfant témoin qui n'a plus soudain que son regard, que ses yeux d'attente pour nous faire face.

Les fillettes, d'ordinaire, ne hantent pas les tragédies. Elles sont dans l'ombre, elles stationnent derrière le rideau, tout au plus en coulisses (sans doute est-ce seulement au moment où le sang de leur nubilité coule qu'elles sont censées approcher de la scène fatale, du danger !).

Mais dites-moi, dans ma terre où presque toutes les femmes, jeunes et vieilles, furent parquées – resserrées, cantonnées, mises ensemble dans des lieux clos (jardins ou masures ou patios), pour que leurs chants, leurs pleurs, leurs hymnes en gerbes ne parviennent jamais à d'éventuels spectateurs – demeurent les rues vides, ou pleines d'hommes et de garçonnets, c'est pareil.

Or, n'existe nul théâtre dans ce monde-là, ce peuple d'où je viens n'a droit à aucune tragédie déroulée, officiée puisque la division sexuelle s'encroûte et revient là, au centre même de la vie sociale, de la cité, de son histoire bifide. Fait tout geler.

Et si justement un théâtre pour muettes, un théâtre du regard vidé se déroulait pourtant, mystérieux, invisible ? Ainsi, des fillettes qui ont dû regarder la mort, et braver jusqu'à ses grimaces, auraient pris le large pour cet office-là, pour cette liturgie ?... Peut-être pour la nécessaire purification.

Dans cette saignée de la voix, dans cet emmurement de la mémoire, vers quoi nous mènent donc aujourd'hui nos trajets de mémoire ? Où nous conduit, enfin, l'archéologie de notre généalogie féminine, ainsi revendiquée – autant dans les pertes, les vertiges que parfois dans un ressourcement ?

5. Il y a bien longtemps – disons près de vingt ans déjà – je croyais que toute navigation dans la nuit des femmes (en tout cas, des femmes d'Islam) me ferait retrouver la force, l'énergie, la foi des aïeules inébranlables.

Je rêvais qu'elles me transmettraient, elles, leur secret de survie, pour peu que je tente cet effort de remonter le courant, d'affronter les eaux violentes du reflux, de la dispersion par l'oralité...

Je croyais ?... J'abordais l'entreprise avec naïveté. Je m'illusionnais, bien sûr : ces vieillardes à la peau tannée, aux pommettes tatouées, à la coiffe multicolore, au parler ancien bariolé de formules religieuses telles des plaques de cuivre étincelant sur une cuirasse, les aïeules avaient tu leur première voix, avaient avalé dès le début le son de leur espoir juvénile. Ou lorsque c'était leur fille – comme ma mère – qui, vulnérable, s'était dressée stupéfiée, alors vite les matrones avaient fait appel à la magie, à la poésie, aux transes : vite, vite, que la voix revienne !

C'est seulement la voix qui reste,
Pourquoi je m'arrêterais ?

soupire encore une poétesse des années soixante, dans Téhéran.

Elles auraient pu, ces paysannes et citadines d'un autre âge, ces Berbères et ces Arabisées pieuses de mon Maghreb, si éloignées de Forough Farrokhzad, elles auraient pu reprendre pourtant le chant raffiné de cette jeune femme blessée à mort...

Ma mère elle-même – pour revenir au roman *Vaste est la prison* – ne pouvait pas savoir que ce fut en fait grâce à cette longue année d'aphasie qu'elle mena à bien ensuite, plus tard, à la fois ses fuites et ses passages. Ses traversées.

Sur cette perte vocale initiale – que l'on peut considérer comme le prix à payer à la sororité entrevue puis effacée –

se greffa la force de ma mère en son début d'âge de femme : tourner le dos, enfant, au berbère, langue du père qui ne revient plus, aimer, jeune fille, le prétendant se présentant ses livres de français à la main, se hasarder ensuite à ne rien perdre de son statut de citadine choyée tout en amorçant le dialogue, en français, avec les voisines européennes...

La mère ensuite fut voyageuse : pour son fils incarcéré dans plusieurs des prisons de la France lointaine. Elle y alla par bateau, par train, par avion – gauche, élégante, avec un français oral de convenance et un secret en langue arabe dans son maintien et sa fierté raidie.

Perte de la voix d'autrefois : dans cette brisure, dans cette durée sans mémoire, presque sans trace (sinon l'écho de ma quête ramenée par hasard), s'inscrit en fait la mobilité victorieuse de ma mère. Sa renaissance. Car elle désira sans doute ardemment persister à longer le royaume des ombres. Des ombres innocentes, disparues dans la lumière...

Tant d'autres fillettes, je l'ai dit, je le redis, aujourd'hui dans mon pays ont à braver le même vertige : laisser leur voix (ou leur cœur, ou leur mémoire) accompagner les sacrifices si proches, s'ensevelir de silence jusqu'à risquer soi-même de ne pas revenir...

Muettes si nombreuses dont l'avenir dira, un jour, de quelle force inattendue elles se trouveront investies. Réarmées mais pourquoi, sinon pour la trace, pour la voix scellée, fixée sur la feuille, sur la pierre, dans le vent, en somme, pour l'écriture, pour la peinture ou la sculpture, pour la musique. Oui, en effet, pour toute forme d'écriture.

6. Je conclurai avec ces paroles de Luce Irigaray :

« Nous avons à ne pas retuer la mère qui a été immolée

à l'origine de notre culture. Il s'agit de lui redonner la vie à cette mère, à notre mère en nous et entre nous.

Nous devons lui donner droit au plaisir, à la jouissance, à la passion, lui redonner droit à la parole, parfois aux cris et à la colère. »

Puis elle ajoute, dans le même développement sur « le corps à corps avec la mère » (en effet, que signifierait toute anamnèse si l'on ne partait pas d'abord de ce corps à corps-là ?) :

« Nous avons à découvrir un langage qui ne se substitue pas au corps à corps, ainsi que tente de le faire la langue paternelle, mais qui l'accompagne, des paroles qui ne barrent pas le corporel, mais qui parlent corporel... »

Ainsi, ces citations me permettent, devant vous, de m'arrêter un instant à ma « langue d'écriture » que j'aurais pu appeler (le premier volet de mon quatuor *L'Amour, la fantasia* l'a suffisamment explicité en 1985) ma « langue paternelle ».

Revenir de ma traversée en mémoire féminine sur près d'un siècle (ma mère, ma grand-mère, la mère de celle-ci, première sacrifiée) et en rapporter, à mon tour, des outres d'eau bénite pour retrouver force, les ramener en guise de viatique pour la route à venir : flux et reflux de biographies qui risqueraient d'être figées, obscurcies, transformées soudain ou en or ou en plomb, mais pas hélas en liquide matriciel, en semence, en eau-de-vie dont le ferment seul compterait.

En somme, est-ce que tant de narrations cabrées – cavales se précipitant ou fugueuses reculant –, tant de mouvement désordonné parce que cherchant incessamment son issue, si tôt que cela serait écrit en langue française, sous mes doigts, se figerait ? Se statufierait ? S'immobiliserait pour prendre pose, pour l'effet esthétique, pour l'écoute des autres, eux aussi immobilisés ?

Est-ce que toute langue paternelle, à peine mise en action, aboutirait, comme malgré elle, sous la main de toute narratrice du « corps maternel », à l'instant ultime à verser aussitôt dans la mort ?

Est-ce que, à mon tour, devant vous, parce que j'écris et que je parle en la langue des autres – certes langue du père intercesseur –, je ne me compromets pas, de près ou de loin, dans une alliance objective avec les meurtriers de la première mère ?

Est-ce que je ne suis pas, malgré moi, oublieuse du premier sang de femme versé, malgré moi, rendue complice du premier père sacrificateur, de quelque obscur Agamemnon du Maghreb, parti comme l'autre, à la conquête de quelque illusoire Troie ?...

« Des paroles qui parlent corporel », nous dit Irigaray. Que conclure, pour ma part, dans une dernière allusion à mon roman *Vaste est la prison* que je questionne du dehors, que je remets en question ? Ce n'est sans doute pas par hasard que la traversée de ma généalogie féminine (titrée, en troisième partie, « Un silencieux désir ») voisine et se confronte, dans le même roman, avec l'effacement de l'alphabet berbère, le plus ancien chez nous.

La remise en lecture, la fin de l'illisibilité de la plus ancienne écriture (j'allais dire l'écriture mère) n'intervient que par l'effort de tant d'étrangers (voyageurs, anciens esclaves, archéologues) venus à la quête du mystère pour le forcer, ou au contraire pour simplement un gain très concret...

Par ailleurs, pour moi, ma langue d'écriture me fut tout récemment langue du père (« fillette de six ans allant à l'école, main dans la main du père »).

Or celle-ci m'est aussi pour moi, Algérienne, langue des envahisseurs et des soldats, langue du combat et des corps à corps virils, en somme langue du sang. Peut-être, après tout, est-ce pour cela que le premier sacrifice dans ma généalogie – le sang de l'arrière-grand-mère, ou plutôt sa mort soudaine, comme par étouffement – n'a pu me revenir à la mémoire que grâce à cette langue adverse... « Langue adverse » pour dire l'adversité, y compris celle qui s'abat sur des femmes...

Ce n'est pas par hasard non plus que, dans *Vaste est la prison,* se lèvent d'autres morts en foule, au cours de la chute de Carthage... Les livres sauvés, l'incendie brûlant les corps, le désastre et son rythme irréductible se mettent en scène, ressuscitent tous, mais cela est établi grâce à Polybe, l'historien grec : c'est donc la troisième écriture, ni la mienne (la française) ni le berbère de la stèle de Dougga, mais la grecque qui va auréoler ma généalogie féminine (passée, elle, de l'arabe et du berbère à l'inscription française) d'un cercle de feu.

Fonds de désastre qui rougeoie dans une spirale à l'infini de l'histoire écrite.

7. Pourtant que dire de « ma » langue française, dans ce jeu des contraires, dans ce corps à corps avec tant de mères ?

Elle semble, pour moi, parfois se casser, se briser. Son marbre se morcelle : le son muselé des langues orales derrière elle, des langues muettes en hors-champ, mises dès l'enfance hors du centre de la lettre, leur son, leur mouvement, le trop-plein de leur vie masquée ressurgissent dans ce français-là, et produisent dans sa chair une effervescence.

Sur fond d'incendie, certes, j'écris une langue jugée claire (la langue de Descartes). Dans une proximité de danger et aujourd'hui, parfois, d'épouvante, je tente de transmettre quelque chose, en tout cas dans une langue dont le critère a semblé souvent être la transparence. Or, malgré moi, malgré mon respect pour cette langue, dont me touchent et le rythme profond et la respiration, malgré mon amour de cela (j'allais dire de cette « dignité » car toute langue a sa dignité, c'est-à-dire son âme), dans mes phrases ou dans les structures mêmes de ma construction – celle-ci conçue par moi dans une alternance entre mon besoin d'architecture et mon aspiration à la musique –, malgré donc cette langue devenue « paternelle », le mouvement de mes personnages – eux, les êtres de ma généalogie et leurs femmes qui, en un sens, me regardent, me défient, attendent aussi de moi que je les tire, que je les fasse entrer, malgré moi, malgré elles, dans la maison de cette langue étrangère –, ce mouvement devient mon seul maître, qui me procure élan.

Ainsi, je me vois chevaucher, avec de telles ombres, avec aussi mes voix d'invisibles, chevaucher une langue à diriger, quelquefois à flatter, comme une cavale rétive... Une langue de mouvement, de mon mouvement qui s'invente tout le long du roman à écrire... Peu à peu, le rythme lent s'emporte, je ne sais plus si ce sont les autres en moi (les mères, les sœurs, les aïeules) qui nous emportent – la langue et moi sa cavalière – ou si c'est la langue d'écriture, ni dominée ni ensauvagée, simplement habitée, donc transformée, qui nous emmène, nous entraîne. Nous ? Moi et les autres femmes, toutes celles, bien sûr, de ma mémoire populeuse.

Ainsi va la course, le temps d'un roman, ou d'un récit, ou d'une courte nouvelle. Ecrire ou courir. Ecrire pour courir. Courir et se souvenir. En avant, en arrière, où serait la différence ?

Le chant de l'oubli

Tenailles du temps : combats et illusion de la défaite, puis de la victoire ; arrêt de la déploration. Stagnation ; nuit de la mutité.

Saisie par la légèreté penchée d'une douce ivresse d'espace, je marche, je déambule, je travaille...

Un picotement des yeux, un grain heurté de la voix qui s'égoutte, un glissement de carène prenant l'eau du départ, et la liberté ressurgit en inépuisable recommencement.

La Zerda ou les chants de l'oubli : en travaillant à ce film sur la mémoire maghrébine de la première moitié de ce siècle, j'entends, pour la première fois, un lamento de cantatrice dans un auditorium de Gennevilliers désert. Je me tais, je me précipite dehors, j'attends sur un banc le bus, près d'un vieil homme qui porte un bouquet de roses et qui m'en parle. Je me tasse, je m'écorche, le chant de la douleur anonyme dans ma tête.

A la fin de la journée, regardant la foule autour de la gare Saint-Lazare, je me découvre à la fois lasse et lavée : je suis une ville bombardée.

J'attends plus de trois mois pour le montage de ce chant – trois minutes vingt secondes de son pour des images de la guerre d'Algérie.

Des images muettes, dont j'ai coupé à l'avance les bruits, le grondement. Je sais que d'autres, du fracas d'un bombardement, des cris d'effroi après un piqué d'avion, des hurlements de panique, d'autres feront une bande-son bien léchée, au rythme d'océan, des vagues sonores dignes d'un opéra : du spectacle !

Dans mon premier travail à l'image, *La Nouba des femmes du mont Chenoua,* je n'avais pris qu'un « son-document » : deux minutes d'un reportage de radio, lors d'un attentat, et je l'ai inversé : par pudeur, par réflexion interrogative. Il était devenu le son lancinant de rêve de mon héroïne qui, nuit après nuit, tâchait de s'extraire, ou de s'enfoncer dans la guerre d'hier.

La mémoire est voix de femme
écorchée
nuit sur nuit, nous l'étranglons
sous le lit d'un sommeil de plomb

chante, cette fois, l'inconnue de *La Zerda,* continuant ainsi l'itinéraire de la quêteuse de *La Nouba des femmes du mont Chenoua.* Dans ce travail de poésie, j'ai le vif plaisir de travailler autant en arabe qu'en français...

La voix de la chanteuse arabe répète à l'infini le mot *makhdoucha* (écorchée), à s'écorcher elle-même, tandis qu'un panoramique remonte lentement sur le drapé de la robe ancienne d'une fillette de Fez qu'on va probablement marier...

Puis, toujours pour *La Zerda ou les chants de l'oubli,* le compositeur marocain, Ahmed Essyad, me donne, après des jours de patient travail, ce long cri modulé en chant de soprano : trois minutes vingt secondes. Est-ce l'immuable pleureuse berbère, sortie du temps d'Antinéa, qui retrouve écho ?

Rythmer les images de la réalité pour vingt années de quotidien du Maghreb où chacun des trois pays a payé son tribut de morts pour obtenir son indépendance. Ce travail, qui devrait être une simple mise en images « historique », je m'en approche comme d'une zone minée. Je l'appréhende comme un explosif qui réveille de mon passé, de tout passé, les douleurs englouties que l'on croit pourries ou vaincues, je ne sais. Elles ressuscitent, elles se rhabillent en fantômes sans visage, mais voilées, comme si elles exigeaient soudain un déroulement de liturgie purificatrice.

Trois minutes vingt secondes d'images muettes, réalité visible des « événements » du Maroc, de Tunisie, et de la « guerre d'Algérie ». Vagues de violence, masques de la mort fertile qu'il me faut amener au chant, le cinquième, de cette œuvre filmique d'une heure :

« Chant des innocents, morts les yeux ouverts sur les vingt ans à venir... »

Je m'aperçois que ce film, cette recherche entêtée sur mes ancêtres et sur moi-même, je les ai entrepris dans un élancement : vanité de cette profusion d'images de haine et de suspicion qu'il s'agit de fondre en un temps chronométré.

Je désire laisser entre les images de la guerre d'Algérie et moi-même la distance du respect religieux, de l'horreur vidée. Les cris, ceux des amis ou des ennemis qu'importe, resteraient dans ma tête : eux qui risquent de ramener au présent ce passé qui refuse de coaguler.

Ou si les cris fusaient à nouveau, on devrait alors passer au noir tous les écrans, brouiller les photographies prises, plomber les mots des rapports, des évocations, des plaidoyers, puis, yeux fermés, ouvrir les oreilles... Si les clameurs soudain s'exhalent, ou perdent leur efficace par accident, quelle musique sœur chercher ?

Tenez, une femme crie parce qu'elle accouche, une bête dans un taillis gémit car un chasseur vient de l'atteindre, un passionné, jaloux furieux, vient de tuer sa bien-aimée et hurle peu après de repentir, tenez, toutes les béances du son le plus banal, des faits divers les plus fréquents s'ouvrent devant nous, il suffit de les extraire du présent qu'on traîne ainsi sur la claie.

Dirigeons ces cris à la rencontre des images d'hier embaumées par quelque respect futile, habillons-en les convulsions visibles de la guerre de sept ans ayant bouleversé mon sol natal : le détail retrouve l'ensemble, le chant solo contingent s'intègre à la symphonie funèbre, la fleur se ressoude à la tige première, la voix retrouve boue et fosse d'aisances du réel.

Comment, par ailleurs, continuer la déprécation en faveur des héros ou des héroïnes ? Certes ils sont tous morts, mais, s'ils vivaient encore, ils auraient pour la plupart troqué leur pureté pour les accommodements, pour la vie grasse ou menue de chaque jour.

Les héros, quand ils survivent, sont absents d'eux-mêmes et du bruit public. Je les imagine perdus dans la foule, prisonniers de leur mutisme, tandis que leur rêve d'absence les maintient obscurs, nomades errants sans caravane, ou simplement hagards !

Ceux qui se souviennent tout haut de leurs actions d'éclat font penser à ces stars vieillissantes et fardées, autour desquelles les miroirs ont été voilés de lourdes tentures, pour qu'elles ne se voient pas, si bien que leur entourage les laisse croire à loisir à leur beauté d'hier évanouie.

Je me demande souvent ce qui pousse les acteurs multiples de cette guerre – dite « d'Algérie » du côté français, « de libération » du côté algérien – à écrire, les uns et les autres dans chaque clan, plus de vingt ans après : écrivent-ils à la recherche de leur jeunesse, de leur foi d'hier, peut-être de leur bonheur, ou simplement par automatisme d'« anciens combattants » ?

Les guerriers de la conquête, du moins les vainqueurs, écrivaient presque au jour le jour et cette écriture occurrente me fascine davantage.

Je m'interroge plus précisément sur les combattants de mon bord qui, écrivant aujourd'hui ou dictant à quelque scribe mais dans la langue de l'ennemi, ne se posent pour cela aucun problème, sinon de conscience, du moins d'identité.

Comme si, refaisant par les mots de l'autre leur guerre (dans telle *wilaya*, dans telle prison, dans telle cache en ville...), ils ne recherchaient pas soudain quelque amour, qui est lequel, sinon d'être reconnu enfin comme ennemi à part entière !

Je connais un homme probe et paisible qui, à l'âge de vingt ans en 1945, commença, dans son village de Kabylie, « sa » guerre d'Algérie, et fut, peu après, jeté en prison. Il y resta, le plus souvent au secret, et transporté ainsi aux quatre coins de la France, jusqu'en 1962 : dix-sept années de réclusion !

Un cinéaste, un jour, se présenta, tenté de restituer en images ce destin à la Silvio Pellico. Il fut éconduit avec tact. Je sus que la modestie de cet ancien prisonnier fut véritablement secouée : comment parler de sa propre vie, qui n'est point achevée, alors qu'il y a eu tant de malheurs définitifs, fermés sur eux-mêmes ?

Je songe à cette retenue de pudeur : maintenant que la vulgarisation a posteriori des souffrances collectives s'accomplit dans un fracas de foire, ne nous sauve que l'« instinct », c'est-à-dire le sens du secret, ou simplement du silence.

Ainsi, cet homme dut sentir que, livré à la lumière des projecteurs, les techniciens enregistrant son récit supposé fidèle de ses longs jours d'emmurement, une seconde prison se serait installée à nouveau : non plus autour de lui, mais en lui-même.

Qu'à l'instar de ce héros taciturne, ma parole surgisse par-derrière le remblai du silence, et non forcément pour le trouer. Que mon regard qui conquiert l'espace se leste aujourd'hui du poids du masque que je ne peux, malgré moi, tout à fait arracher.

Dans ces sept années et demie de la guerre dite « de libération », que sont devenus les cris des torturés, les râles des morts oubliés, les sanglots de la violence éclatée ? Dans quel azur leur timbre monte et se plaque, sans discontinuer ?...

Les traces de toutes sortes se multiplient, à propos de la « guerre d'Algérie » : images, photographies, reportages en bribes rétrospectives. Devant cette graphomanie entretenue, je pense aux femmes de chez nous qui tiennent à partager un repas, de la semoule et quelques dattes, sur les tombes. Plus pour se consoler que pour rester fidèles. Plus pour se soumettre et exorciser que pour conserver, creuser de là quelque révolte et s'en lacérer.

Se nourrir après avoir abondamment pleuré, après avoir, par subtile hygiène, exhalé les cris de l'être profond qui proteste.

Mais les douleurs plus profondes avalent momentanément leur bruit. Le laissent macérer. Et cette mutité seule se place tout contre la paroi de la mémoire marmoréenne.

L'eau de la mémoire

La Nouba des femmes du mont Chenoua, si on me dit : où commence le film, où commence votre travail, je ne pense d'abord, et simplement, qu'au bruit de source (simple jet ou jeu d'eau de plus en plus ruisselante), à ce bruit-musique amorcé au générique, au titre au-dessous de l'arbre – l'arbre de tous les commencements –, bruit d'eau qui n'est pas seulement murmures des fossés de cette région d'agrumes et de maraîchers au pied du Chenoua (fertilité bien sûr, fraîcheur sous les ombrages, près des orangers), qui n'est pas seulement voix des fontaines sur les routes, et des bidons heurtés qu'on pose au milieu des criailleries des enfants (inlassable labeur des petites filles, leur corvée d'eau après l'école, premiers travaux de femme que l'avenir ne leur évitera pas)...

Bruit d'eau qui devient pour moi celui de la mémoire : aller de plus en plus en arrière, à cause de l'eau ou malgré elle, retrouver les autres bruits : ceux des piétinements, ceux de la poudre, des cris et des râles... Tout le drame réanimé que les visages des femmes enfermées dans les grottes écoutent en silence : non, qu'elles regardent, c'est à cela que je pensais en les dressant figées, immobiles non à cause de l'effroi, mais de la distance – les hommes dehors guerroient, ne caracolent plus, combattent.

Corps à corps sordidement sanglants qui gesticulent et ruent, dans le seul érotisme funèbre que fut le XIXe siècle de chez nous ; lentes interminables, torturantes étreintes des envahisseurs envahis, unique ballet érotique de la mort qui se déchire des années 1830 à 1900, dehors surchargé en corps masculins dans le sang et l'odeur de la poudre. Tout ce bruit, nous, visages de femmes dressées sous les pierres, regardez-nous puisque vous nous filmez un siècle et demi après, regardez-nous l'écouter.

Naturellement nous n'avons pas peur, naturellement nous ne tremblons pas, nous organisons un autre temps, nous nous installons, bougies allumées, kanouns posés, enfants à endormir, nous nous installons dans ce dedans qui est le nôtre et qui, plus que jamais, est cerné.

Il sera, ici ou là, enfumé. Nous nous enfermons dans les grottes-tombes, mais quoi, nous sommes familières des lieux, nous enlevons, nous remettons voiles et draperie, habituées à surveiller les lambeaux de ciel ouvert, nous épions la bataille du dehors... Puis soudain, redispersez-nous, réeffacez tout, un siècle et demi après, tout réengloutir, de l'émoi du dehors, de la patience du dedans. Revient en nous le lent, l'obsédant bruit de l'eau ; à vous de savoir s'il s'agit de l'antienne effrénée de la mer, peuples des rives méditerranéennes, ou seulement de l'eau tassée, assourdie, des maigres rigoles, des puits à demi desséchés des ruisseaux qui se perdent, des oueds égarés dans les franges désertiques, déplacement inéluctable non du passé au présent, plutôt du nord au sud, de la richesse à ciel ouvert à l'enterrement progressif, aux corps féminins souterrains... Mémoire de l'eau, plutôt mémoire des sables, silence... L'arbre disparu, le bruit d'eau englouti, le film commence. Parlent les autres femmes.

V

Ecriture du regard

Le cinéma de poésie ? En fait ma seule idole est la Réalité. Si j'ai choisi d'être cinéaste, en même temps qu'écrivain, c'est que plutôt que d'exprimer cette Réalité par les symboles que sont les mots, j'ai préféré le moyen d'expression qu'est le cinéma, exprimer la réalité par la Réalité.

Pier Paolo PASOLINI, 29 janvier 1969,
Combat.

Je veux encore parler de regarder.

Henri MICHAUX,
Peintures et dessins.

Regard de l'autre, regard sur l'autre

1. Je me souviens aujourd'hui du premier plan que je tournai comme cinéaste arabe, un jour, plutôt une nuit de décembre 1976, à soixante-dix kilomètres d'Alger, dans une ferme louée à des paysans. J'avais choisi, dirigeant une équipe de dix-sept techniciens plus deux comédiens, une scène d'« intérieur-nuit » : image de fiction – un homme regarde sa femme dormir.

Situation banale ? Aucune action particulière... Sauf que l'action était à proprement parler la durée – une minute trente – d'un regard, ou plutôt d'un double regard : nous – moi, les techniciens, puis les spectateurs du film –, nous regardons l'homme, l'Autre, regarder une femme algérienne allongée, endormie, telles les Vénus ou nonchalantes, ou absentes, ou rêveuses de la peinture italienne de la Renaissance. Comme si tout commencement de l'art (le cinéma en pays arabe se retrouve objectivement en situation analogue à celle des peintres florentins ou vénitiens du Quattrocento !) passait par cette expérience originelle : comment l'autre regarde la femme dans son abandon et comment, à notre tour, nous le regardons regarder...

Dans le cas de ce film, *La Nouba des femmes du mont Chenoua,* la femme est allongée sur le lit conjugal, les cheveux enturbannés dans un foulard rouge laissant seulement son visage si pur livré aux regards... J'avais assuré moi-même les préparatifs du décor : le chatoiement des couvertures, des coussins, en opposition avec la rudesse des murs blanchis à la chaux, les tapis sur le sol, de la laine, beaucoup de laine autour... La dormeuse, engloutie dans le lit large, semblait vraiment sereine, passive, puis nous devinions peu à peu qu'elle se mettait à lutter, avec quelques gestes désordonnés, contre un cauchemar dans lequel, ensuite, nous entrerions – souvenir d'un passé de guerre trop récent, que nous ne tournerions pas, car ce serait une image documentaire d'archives qui deviendrait ainsi partie intégrante d'un rêve noir.

Revenons au regard de l'autre : l'homme, immobilisé sur le seuil de la chambre. L'époux pourrait peut-être rejoindre le lit ?... Non. Le regard, ici, est certes regard de désir (y aurait-il vraiment cinéma, s'il n'y avait pas d'abord, explicitement, quête du désir, ou, au moins, de ses préliminaires ?) ; mais le regard masculin ne sera pas si longuement observé pour faire glisser le spectateur dans une suggestion, plus ou moins complaisante, du plaisir partagé, de l'union – celle-ci à filmer soit dans la pénombre, soit en pleine lumière. Non.

Le regard de l'autre sur la femme désirable, ce regard par nous également épié, n'est pas regard de voyeur. Il expérimente malgré lui, dans une lenteur et une intensité progressives (une minute trente, c'est fort long !), son impuissance, et la souffrance de la séparation. Regard d'avant le désert, regard qui affronte, qui aiguise la ligne-frontière entre le couple, entre les sexes...

Aurais-je dû signaler, dès le début, que l'homme est immobilisé dans une chaise de paralytique ? Or sa chaise a roulé contre le mur jusqu'à la porte ouverte. La femme, même ainsi lointaine, semble fascinante... La main de l'homme s'accroche au chambranle. Et moi (c'est-à-dire l'œil de la caméra) je saisis, dans la même surface du plan, l'homme assis qui peu à peu se soulève, son visage au profil tendu par l'effort, et tout au fond le lit, la dormeuse au foulard rouge, masque lointain, masque si proche... Ainsi, je filmais, sans m'en rendre compte moi-même, ce premier jour de tournage, l'image même du désir, c'est-à-dire un regard regardé, et peut-être parce que regardé, dérivant fatalement dans le vide de la séparation.

Regard de l'autre sur la femme : longtemps après, je me demandai si ce fut vraiment par hasard que j'avais choisi de tourner cet « intérieur-nuit » ; je n'avais cru alors chercher, me semble-t-il, que le plaisir de l'esquisse autant picturale que cinématographique... Ne l'avais-je pas choisi comme malgré moi ? En somme la vraie question pour moi, écrivain, cinéaste, ou simplement femme arabe, n'est-elle pas cette interrogation douloureuse : qu'est-ce que le regard de l'autre sur la femme dans une culture où l'œil d'abord a été, des siècles durant, mis sous surveillance – un œil unique existait, celui du maître du sérail qui interdisait tout autre représentation et qui invoquait le tabou religieux pour conforter son pouvoir ? Oui, tout regard de l'autre, s'il se refuse à être un voyeur (regard d'effraction ou d'agressivité), ne saisit que l'insaisissable, et l'image de femme devient mirage enveloppé de poésie ou de mélancolie.

2. Certes, l'on pourrait résumer le cinéma d'aujourd'hui par cette problématique du regard de l'autre. Il me paraît toutefois pertinent d'élargir l'expérience personnelle que j'ai décrite de ce regard masculin d'« avant le désert » par la mise sous regard, dans un passé pas tellement éloigné, de toute une société d'hier, celle qui fut confrontée à la colonisation : cultures arabes, africaines, orientales contrôlées, archivées, « illustrées » par un regard dominant.

L'autre, ce fut le peintre occidental (peintre des batailles, puis peintre orientaliste des fantasias, des caravanes, des Bédouins, danseuses, enfants mendiants figés sur fond de dunes ou de mosquées en ruines), puis le photographe voyageur des années 1880 et 1900, à l'apogée des grands empires coloniaux.

D'où, par exemple, la multiplication des cartes postales d'alors envoyées – par milliers : images des « belles fatmas », plus ou moins dénudées, sur lesquelles ou au verso desquelles la correspondance la plus banale de touristes, de militaires, d'éphémères résidents s'inscrivait dans une apparente indifférence.

Comme si l'image de personnages jusque-là invisibles se prostituait pour devenir simple papier pour correspondance. En regroupant ces cartes postales, Malek Alloula, dans un texte d'analyse sémiologique rigoureuse, démonte la fausse neutralité de ce regard envahisseur et déformant.

Ainsi, comme au temps des magies païennes, depuis un siècle et demi environ, l'on « possède » vraiment quelqu'un dans le sens à la fois du pouvoir de fait et de la tromperie – en s'annexant son image, sans qu'il en soit ni le récepteur ni, à plus forte raison, l'auteur ou l'inspirateur. Par-dessus l'image de l'Arabe, du Noir, du Viêtnamien, etc., l'on communique en l'écartant de cette communication. On le « regarde » ? Non, on prend prétexte de son image – c'est-à-dire en fait de son apparente différence, pour établir une circulation de mots, d'idées, de riens, sans qu'il soit, lui, partie prenante, même symboliquement.

Regard-prétexte d'un absent pour des absents : l'être regardé est nié plus que jamais dans une identité profonde, comme si sa différence devenait objet de mode, de folklore, de décor vidé. Tout un « cinéma colonial », autant de documentaire que de fiction, a sévi des décennies, connaissant les succès de foule d'hier, un effacement aujourd'hui. Comme si, partout alors, des aveugles filmaient des mirages !...

3. Et le regard de cet Autre ?... Qui regarde soudain, sinon la femme qui n'avait pas droit de regard, seulement de marcher en baissant les yeux, en s'enveloppant face, front et corps tout entier de linges divers, de laines, de soies, de caftans... Corps mobile qui, parce que mobile, doit être bouché : un orifice minimum laissé pour se diriger, pour voir le chemin à petits pas découvert... Mais quand celle-là même qui a droit enfin au-dehors, à l'école, à l'étude, à l'espace s'oublie jusqu'à regarder ? Contempler le ciel, les arbres, la nature, l'écume sur la vague, observer les rues de la ville et la foule, regarder les autres : les autres femmes, et tous les humains ?

Je me hasarde à revenir à ma personnelle, à ma modeste expérience du regard « travaillé » dans la durée. Car, pour moi, le cinéma, dans son essence, se ressource dans l'interrogation scrupuleuse, pointilleuse, du Regard, dans « comment regarder ceux qui ne peuvent regarder », comment rencontrer ceux et celles qui, pour la première fois, regardent ?

J'en viens à nouveau à mon film *La Nouba des femmes du mont Chenoua,* et à son premier plan ; cette fois non pas le premier plan tourné, mais le premier du montage, le premier du récit.

Une femme, en gros plan, est représentée ; elle tourne le dos aux spectateurs ; on ne voit que ses cheveux, que la masse de sa tête et elle est contre un mur ; elle fait glisser son front sur la pierre ; peut-être, signe d'impatience ou d'impuissance, vient-elle de se taper littéralement la tête contre ce mur !... C'est possible. Car elle nous refuse, elle me refuse – moi, le regard-caméra. C'est pourtant dans ce rapport que je choisis de la montrer.

Elle continue de marcher, de chercher, de s'obstiner à dire

non aux spectateurs ; soudain sa voix, et avec elle sa révolte, éclate :

« *Je parle, je parle, je parle !* – silence – *je ne veux pas que l'on me voie !* » soupire-t-elle. Puis elle ajoute, quand on comprend que, dans la chambre, l'homme est là aussi, dans l'attente :

« *Je ne veux pas que tu me voies !* »

Ainsi, l'héroïne du film, qui vivra devant nous, deux heures durant, commence par proclamer son refus d'être regardée. Puis elle se tourne ; elle fait face. Car elle désire d'abord parler, elle veut communiquer ; sans doute ne sait-elle pas que se parler devant les autres est difficile, que se parler dans le vide et le silence est encore plus difficile. Pourtant son désir est de parole :

« *Je parle, je parle, je parle !* »

Autant dire que l'écran pourrait n'être qu'un ruban noir, un profil de femme lointain trouant de temps en temps cette non-image ; pour rappeler que la femme est là, mais que sa voix seule devient durée, présence pleine : une voix parle d'abord, précédée de son ombre.

J'aboutis à cette évidence, ou à cette interrogation : que le cinéma fait par les femmes – et cette fois autant du tiers monde que du « vieux monde » – vient toujours *d'un désir de parole.* Comme si « tourner » au cinéma, c'était, pour les femmes, tourner les yeux fermés mais dans une mobilité de la voix et du corps, du corps non regardé, donc insoumis, retrouvant autonomie et innocence.

Si bien que la voix s'envole, que la voix danse vraiment. Après seulement les yeux s'ouvrent. L'Autre, pour soi-même, regarde. Enfin !

La jeune femme architecte, dans *La Nouba des femmes du mont Chenoua,* qui revient dans sa région d'enfance, se met certes à parler, mais aussi elle sort. Elle va et vient dans les paysages retrouvés. Pendant qu'elle déambule, son regard cherche : les lieux, les maisons, les rivières même asséchées, les forêts même encore brûlées... Elle rencontre les autres femmes qui la regardent à leur tour. Et dans cet entrecroisement de regards souvent lents, quelquefois furtifs, ou simplement plats, dans le plat de l'attente, les dialogues sont amorcés : sur le présent, sur le passé... Tout autour, les enfants, multiples, oisifs, bruyants, rieurs, accompagnent de leur présence diffuse, de leurs chœurs incertains, ces femmes entre elles...

A la suite de cette héroïne, je regarde les autres. Ou plutôt, je la regarde elle, jeune femme indépendante, réexpérimentant sa propre renaissance. Je la regarde découvrant les autres femmes. Son regard posé ainsi sur les paysannes devient départ de parole : de la parole jusque-là nouée – parole féminine sur le quotidien banal, sur le passé encore à vif, sur les douleurs-braises malgré l'oubli.

« Comment pleurer, je n'ai plus de larmes ? » s'interroge une vieille paysanne, le port fier, le visage sec.

Oui, une femme regarde d'autres femmes. Il ne s'agit plus de désir ; le désert disparaît entre les êtres ; les conversations s'entrelacent. La jeune femme, rentrant chez elle par les sentiers du crépuscule, est comme enveloppée par la chaleur de celles qui lui ont parlé. Comme si la voix précédait toujours le corps, et ses yeux, qu'ainsi, loin du rapt voyeur, dans des tâtonnements de quasi-aveugle, étaient assurés l'amour, la tendresse, la reconnaissance.

Est-ce par hasard que la plupart des œuvres de cinéma, dont les femmes sont auteurs, apportent au son, à la musique, au timbre des voix prises et surprises, un relief aussi grand que l'image elle-même ? Comme s'il fallait s'approcher lentement de l'écran, qu'il fallait le peupler, s'il en était besoin, en partant d'un regard même myope, même flou, mais porté par une voix pleine, pleinement présente, dure comme une pierre, fragile et riche comme un cœur humain.

Mon besoin de cinéma

1. Pourquoi ai-je besoin d'une écriture de cinéma ?

Le cinéma pour moi n'est ni un « métier » – au sens d'une carrière –, ni une « vocation » – au sens d'un appel. Quoi donc, pour moi qui ai réalisé un premier long-métrage peu après l'âge de quarante ans (1976-1977), puis un second (1982), peu après quarante-cinq ans.

Dix ans après ou davantage – où certes se sont succédé pour moi pas moins de six scénarios que je cherchais à réaliser en coproduction franco-algérienne, dont deux aboutiront à des textes « rendus » à la littérature, mais tous projets « bloqués » d'une façon ou d'une autre par le cinéma d'Etat algérien –, dix ans après donc, que représente pour moi le cinéma comme travail : projet, réflexion et tentative d'une réalisation... ?

Je vais m'interroger devant vous, puisque le hasard m'a mise, aujourd'hui, aux côtés du pionnier du cinéma africain, Sembène Ousmane, voisinage qui me pousse forcément à la modestie, et c'est pourtant ce qui me permet de me situer, j'allais dire « hors champ », disons simplement ailleurs.

« Ailleurs », en tant qu'écrivain venant sur le tard à l'image-son. Ailleurs, comme femme avec un héritage culturel arabo-islamique où l'interdit sur l'image se cristallise plus que jamais sur le corps de la femme.

Ailleurs enfin, comme Algérienne, au moment où mon pays, après trente ans d'indépendance que j'ai traversés avec lui, explose, risque de se disloquer, s'ensanglante et cherche dans le sang et la détresse aveugle un avenir ou un non-avenir, je ne sais, bref, dans ce tunnel où piétine aujourd'hui ma communauté, comment voir, quoi voir et faire voir ?

Pourquoi suis-je encore aiguillonnée par un désir de cinéma, moi qui, toutes ces précédentes années, me confrontais à la production algérienne, elle qui aidait aisément des films de cinéastes du tiers monde (égyptiens, libanais, sénégalais, ou même occidentaux), mais sur place me marginalisait parce que femme, et que je persistais, en outre, à pratiquer un cinéma de recherche, et non de consommation... ?

Moi donc qui me situe « hors champ » par rapport au cinéma algérien de l'indépendance, je vais tenter de vous parler de mon besoin de cinéma, qui subsiste malgré tous ces freins.

2. L'Algérie, depuis environ 1986, c'est-à-dire, après tout, moins d'une décennie, est, du fait des paraboles de télévision, sous l'arrosage quotidien du flot d'images conçues ailleurs, avec le plus souvent une langue ou des langues d'ailleurs, avec l'exposition obsédante d'objets de consommation vendus et consommés ailleurs (chocolats, fromages, déodorants, lessives, voitures, etc.), enfin avec un défilé de corps humains, habillés ou nus, ou à moitié nus renvoyant à une pseudo-sensualité filmée à plat et excitant indéfiniment un voyeurisme de frustration...

L'Algérie certes n'expérimente là que la situation vécue par de multiples pays du tiers monde (Amérique latine, Caraïbes, certains pays d'Asie...) où, plus augmentent la pauvreté, la dépendance, l'inégalité sociale criante, davantage est proposée en antidote soporifique, comme anesthésie et supposé défoulement visuel, l'imagerie occidentale dominante.

En même temps, les « news » internationales (CNN et autres journaux médiatiques) cachent ou déforment le réel des tensions de la terre, tout en faisant semblant de nous les montrer, dans leur éphémère.

Je ne prétends pas faire ici un constat politique ou idéologique, pour esquisser l'état spéculaire de mon public naturel, soumis plus que jamais à cette domination audiovisuelle ; c'est simplement ici un jugement esthétique de ma part.

Il est certes banal, quand on vit à New York, Paris ou Vancouver, de dénoncer la sous-culture de la majorité de cette production télévisuelle. Il n'en reste pas moins que tout cinéaste authentique, tout photographe, tout peintre ou sculpteur, ne peut travailler désormais que le dos tourné, les yeux fermés à ces millions de fenêtres, lucioles de l'illusion, et bien davantage de la médiocrité, du rien.

Mais, quand pour le public du tiers monde, quelques-uns tentent de chercher, par l'image-son, une fragile vérité des leurs, évoquer, comme je viens de le faire, la consommation massive du non-consommable (concrètement parlant), ceux-ci ne peuvent que s'installer d'emblée, qu'ils le veuillent ou non, dans la fracture du regard, dans la béance de l'absence, dans l'arête infinie de la frustration : *en somme dans la violence.*

A plus forte raison pour la culture algérienne dont l'élite – aujourd'hui à nouveau menacée – avait à panser les blessures d'un viol colonial de plus d'un siècle et d'une guerre de décolonisation douloureuse.

Panser les blessures et re-penser son histoire, sa mémoire, sa durée intérieure surtout, et ce, par des langages qui tâtonnaient à se vouloir pluriels.

(Il est à rappeler que le cinéma algérien, pendant trente ans, seule expression culturelle financée par le pouvoir pour le bénéfice de quelques-uns, aux prétentions presque hollywoodiennes, se voulut « pompier » – je dirais, d'une « esthétique de pompes funèbres » –, saint-sulpicien même, avec un pseudo-lyrisme de boursouflure et un populisme démagogique. Cinéma officiel qui a sévi, mais sans public véritable, auquel l'on donna certes une palme d'or à Cannes – alors que, dans les pires difficultés, trois ou quatre réalisateurs, authentiques cinéastes, réussissaient à réaliser un, quelquefois deux films d'auteur tout au plus...)

Dans ces conditions, l'image de télévision n'a pas été une simple sous-culture envahissante, d'endormissement et d'absence entretenus ; elle a opéré en instrument de dépossession et d'acculturation accélérées.

Je pense même que, dans le cas algérien, l'image-son télévisée – et, également, une certaine production de cinéma tournée à coups de millions de l'Etat vers le « grand spectacle » pseudo-historique –, cette image a fonctionné comme arme de destruction identitaire, délibérément.

3. Puisque cette rencontre de Victoria s'intitule « Ecrits/Ecrans », je résumerai le point où je me trouve, en cette fin d'année 1994.

Je me débats depuis deux ans dans l'impossibilité de dire le sang, la mort, la haine – de dire, c'est-à-dire de l'inscrire par l'écriture littéraire. (Ce n'est pas par hasard que mon dernier roman, *Vaste est la prison,* commence par un prologue « Le silence de l'écriture » et se termine par « Le sang de l'écriture ».)

En somme, le genre romanesque m'a servi à évoquer l'amont de la crise actuelle : c'est-à-dire, à mes yeux, la conquête d'un espace au féminin sur la terre algérienne – et, à peine cet espace commence-t-il à se faire visible, à permettre un début de jubilation pour quelques-unes d'entre nous, que l'effacement, le risque de dissolution apparaît et envahit tout !...

Mon rapport au réel d'aujourd'hui est aussi marqué par la tentation de recourir à l'image-son, celle-ci dans le cadre du plan cinématographique, à le créer en tableau mobile, comme un récit concentré.

Oui, passer à la « création audiovisuelle » (est-ce vraiment cette formule qu'il faut avancer ?) pour me confronter, pour me mesurer et donc « produire », c'est-à-dire « inventer » (et l'on n'invente, disait récemment Jacques Derrida à Lisbonne, que l'impossible) – inventer, oui, le face-à-face avec quoi, sinon avec la violence crue, avec le mal hurlant et délirant, avec le meurtre et le pas omniprésent de la mort, là-bas, chez moi.

Je dirais ceci, qui me paraît énorme, qui me semble impossible justement, qui me ferait entrer en transes, je le dirais, oui : à l'idée d'une possible agonie de l'Algérie, par défi, par entêté espoir, l'écriture – de cinéma ou de littérature – doit rendre présente la vie, la douleur peut-être mais la vie, l'inguérissable mélancolie mais la vie !...

Devant les sanguinolentes traces et menaces, devant l'écarlate hideux d'un quotidien algérien, restituer surtout la palette du blanc, des gris, des nuances de bruns, de vert-gris, de bleu cendre, toute l'écharpe d'un ciel d'avant-aube...

Vous constatez : comment se prémunir devant les images jetées en vrac aux yeux du monde « civilisé » d'une réalité convulsionnaire (au Rwanda, en Somalie, en Bosnie, dans tant d'autres lieux béants de tragédie !...) ? En images-sons, il nous faut renouer pourtant avec un cinéma non d'expérimentation, mais d'expérience – comme s'il nous fallait traverser, yeux bien ouverts et ouïe affûtée, des Saharas de solitude pour un écran lavé.

4. Certes, enfoui sous la saleté et la vulgarité d'images conventionnelles coulant à flots pour mon public – que l'on veut déboussoler, déstabiliser pour le faire rentrer dans le rang du conformisme et de la servitude sans espoir –, un cinéma de silence coloré et de bruits premiers ne serait ni d'avant ni d'arrière-garde, mais *de survie, parce que de rythme originel.*

Il se remettrait, cinéma « algérien » d'une Algérie vive, vivante et multipliée, à cerner la vie dans ses pulsations (soupirs d'animaux, palpitements de feuilles, souffles du vent et mugissements du fleuve pour accompagner enfin la voix et le corps d'une Algérie presque interdite, en tout cas souterraine et jusqu'à présent rarement aperçue, à peine devinée...).

Je rêve, vous le voyez. Est-ce de ce cinéma rêvé dont je voulais vous entretenir ? Non pas... C'est une esquisse pour un cinéma d'allégement, de traces et de renaissances. De quête, certainement...

Où serait pourtant, dans cette immanence qui risquerait d'être informe, la réflexion (ou la *station*) de l'Histoire, et cela par le déroulé d'une simple histoire ?... Viendrait s'exercer un cinéma de fiction, non pour éveiller des émotions, plutôt pour ré-installer une *véritable durée* – alors que le passe-temps télévisuel coagule le temps, le vide et le plombe.

5. Rassurez-vous : si le hasard de la production me faisait revenir à la réalisation de films – de fiction, pour un public de salles –, certes oui, je déroulerais un récit, une suite d'apparentes anecdotes. En somme, une continuité.

Mais d'une façon ou d'une autre, resurgiraient, sans doute en arrière-plan, quels paysages d'aujourd'hui de la désolation, de la destruction ?... Comment se placer dès lors, comment cadrer, quoi évoquer de biais dirais-je, en m'approchant peu à peu, en reculant quand il y a excès (j'appelle ici « excès » le défaut de sur-nommer car la face de la haine, filmée trop à plat, ne signifie plus rien, se banalise alors qu'il faut laisser sourdre quel mystère, quelle horreur ?...).

Et je pense soudain au superbe dernier film de Robert Bresson, *L'Argent* : tandis que le sujet apparemment central est l'histoire d'un crime, en un seul plan, vers la fin, la caméra a une double approche, à la fois avancée et recul devant le geste meurtrier. C'est tout : presque rien n'est visible, tout est communiqué pourtant de l'horreur tragique.

Ainsi, il y a nécessité, dans le « cinématographe » digne de ce nom, de montrer et de masquer, de déplorer et de ne pas pleurer, de se durcir au contraire pour que se nidifie la tendresse perdue, en somme recevoir et refuser la violence par un regard qui se blesse et par la voix qui se dresse.

Là est l'ambiguïté : quelques pas d'hésitation s'esquissent devant la mort en mouvement, pourtant le désir persiste, non pas de témoigner dans l'immédiat, plutôt d'espérer libérer le désir de meurtre sans le meurtre, le désir aussi de victimisation sans la victime, celle-ci de cette façon alors épargnée.

Ambiguïté et surtout aporie : pourquoi devant la mort en acte, l'image-son, en se cherchant et se fécondant, monte la garde, prend garde et regarde tout à la fois la violence-nuit ?

L'image-son neutre, mise au blanc, lâchée à blanc, se désamorcerait juste avant, ou juste après, hélas. Trop tard, jamais trop tôt, hélas encore ! Qui montrer, quoi mettre en jeu, quoi jouer et revivre, devant l'œil terne et vorace de la mort ? Œil crevé.

6. Mon besoin d'une écriture de cinéma ? Certes oui, mais les yeux bien ouverts, l'oreille fichée loin dans le temps et retrouvant peu à peu, au bout du silence, du désarroi et du blanc net, ou vierge, ou sali, retrouvant la durée de la vie...

Ai-je parlé plus haut d'une Algérie en agonie, de son corps presque prêt à être transporté vers la morgue proche, pour autopsie après le crime ?

Non. Avoir besoin, chacun de nous, d'images-sons, d'un cinéma pour la reviviscence, la renaissance, et le frémissement d'une Algérie tatouée : voici donc ce dont se nourrit aujourd'hui mon besoin de cinéma, désir informe peut-être, désir prolixe, je le crains et m'en excuse devant vous.

Pourquoi je fais du cinéma

« Pourquoi, à un certain moment de mon trajet, suis-je allée au travail de cinéma ? »

Plutôt que de dire le cinéma, je dirais l'« image-son ». Et je ne me sens pas toutefois quitter la littérature.

Pendant mes années de silence, j'ai mené une vie assez ordinaire, tantôt en Algérie, tantôt en Europe, avec des circonstances de vie commune à beaucoup de femmes : des enfants à élever, des contraintes passagères...

Pourtant, petit à petit, j'en étais arrivée à décider de faire un film. Je n'entrai pas dans une carrière professionnelle ; non. J'avais envie de saisir des sons, et de prendre des images.

J'avais vécu, longtemps avant, trois années universitaires au Maroc. Je me souviens de mes années à Casablanca, où j'allais au cinéma tous les soirs dans des quartiers populaires, c'était au début des années soixante. Les cinémas de Casablanca, pour moi, étaient absolument merveilleux. On entrait, il y avait des jeunes, des paysans, des ouvriers dans des salles très populaires, et on voyait les meilleurs films américains de l'époque.

On en voyait deux dans une soirée. Pendant l'entracte, arrivaient des troupes de théâtre du quartier ou des chanteurs, des danseurs ; ils nous faisaient, sur scène, une sorte de mi-théâtre, mi-variétés ; beaucoup de spectateurs étaient plus intéressés d'ailleurs par cet aspect-là que par les films.

Après le deuxième film, je rentrais à travers les rues de Casablanca en discutant passionnément... Jusque-là donc, des souvenirs ordinaires de cinéphile ; sans plus.

J'ai continué à Alger, pendant les trois premières années après 1962 ; il y avait alors dans cette capitale une vie assez cosmopolite, même la nuit. Cela a changé depuis ; le soir, chacun s'enferme chez soi pour regarder la télévision.

Après une absence à l'étranger de plusieurs années, étant revenue en Algérie en 1974, je pensais que je pouvais écrire en arabe, tout au moins dans le domaine de la poésie.

Cependant, la langue arabe, comme langue de communication, était devenue une langue dominante. Pour moi, une distance se creusait : c'était une langue du discours politique – gonflée un peu comme un souffle – et, en même temps, de plus en plus une langue du masculin.

Depuis 1962 jusqu'à l'éclatement du parti unique en 1989, je résumerai la vie publique de l'Algérie un peu comme si le pays était retourné à la case de départ... celle de 1830 ! C'est-à-dire qu'il redevenait une société divisée en deux, avec une séparation sexuelle très forte et, sur le plan politique, l'équivalent de l'ancienne caste de janissaires, choisissant, en vase clos, les « deys » qui se succèdent. Le discours dit « socialiste » par-dessus.

En outre, les villes algériennes se sont remplies d'ex-paysans – qui, pendant la précédente guerre, avaient été « regroupés », hors de leurs terres. Ces villes se ruralisèrent. La séparation sexuelle en fut accentuée.

Sur quoi, la langue arabe, enseignée et utilisée comme langue dite « nationale », a été une langue de plus en plus différente du dialectal, une langue qui prenait la pose. J'ai ressenti cet arabe, vers lequel, en tant que romancière, j'aurais bien voulu aller, comme une langue qui, en se drapant, perdait son oxygène, sa chair, son rythme profond.

Pourtant j'avais besoin de m'exprimer dans une langue qui renvoyait à la langue de ma mère. J'ai décidé que j'allais saisir le son, saisir la langue brute. Je me suis tournée vers la télévision algérienne, et, dans l'élan de mon retour au pays, j'ai proposé :

– Je voudrais faire un documentaire sur les femmes de ma région.

A ce moment-là, puisque tout ce qui était cinéma était sous contrôle de l'Etat, ils (les chefs de la production) ont été un peu étonnés.

– Mais non, ont-ils rétorqué, on va vous acheter vos romans et on va les faire adapter par des réalisateurs connus, etc.

– Non ! Cela ne m'intéresse pas.

Je ne voulais absolument pas qu'on adapte mes romans, parce que j'avais fait une mauvaise expérience avec une pièce de théâtre qui avait été traduite dans une langue arabe momifiée.

J'ai repliqué :

– Je voudrais faire un film moi-même. Vous savez, vous me donnez un budget minimum, et surtout, vous me donnez une voiture, pour commencer !

A l'époque, je désirais une jeep, pour aller jusque dans des villages où la route n'arrivait pas.

– Vous me donnez aussi une équipe technique et tout d'abord un ingénieur du son. Cela me suffit pour l'instant.

J'ai travaillé trois mois ainsi, parce que je voulais d'abord saisir le son, la voix, enregistré la parole et la langue du vécu, en particulier du vécu féminin. Petit à petit, ce projet s'est réalisé.

Je travaille au cinéma de cette façon-là, c'est-à-dire que je commence comme ferait un ethnologue ou un sociologue.

Cela me permet d'entrer dans un groupe social que je connais déjà, dans lequel je me mets à vivre, non pas de temps en temps comme une journaliste, mais vraiment avec eux.

Je commence des entretiens libres, j'essaie de me rendre compte non seulement de ce que disent les gens sur leur présent et leur passé, mais de la façon dont ils le disent, de la façon dont une femme va employer telle expression ou telle autre, quand elle évoque un souvenir, quand elle développe une expérience passée, douloureuse ou non.

Finalement, le contenu pour moi devient moins important que son rapport à sa mémoire, que sa voix qui défaille à certains moments. Pourquoi se remet-elle à pleurer pour une petite chose, alors que la même paysanne va raconter sobrement qu'elle a perdu quatre garçons, une autre me montrer, le regard sec, les cicatrices de ses tortures ou des traces assez terribles rappelant la guerre quinze ans auparavant ?...

Comment la langue qu'elle utilise alors, qu'elle soit langue berbère ou langue arabe, mais la langue la plus simple, la plus dépouillée, la ramène à ses souffrances, à ses passions, à ses joies... et c'est alors une langue que je partage.

Au cœur de ma généalogie. Mon rapport à la langue, à la parole est quelquefois aussi important que le silence : dans la langue arabe, la litote y est plus fréquente que la surabondance ou quelquefois le lyrisme.

Je pense qu'en faisant ce travail, je me comportais encore comme écrivain, essayant de saisir la parole à sa source, la parole de ma tribu. Finalement, cette quête du son, j'ai fini par la faire toute seule.

Dans les montagnes où j'arrivais, ce n'était pas moi en

tant qu'écrivain qu'on recevait – on ne lisait pas mes romans, cela n'intéressait pas les femmes du Chenoua. Ce n'était même pas parce que j'arrivais avec une jeep de la télévision, c'est-à-dire avec quelque chose, malgré tout, qui était de l'Etat.

Ce n'était pas pour cela qu'on m'accueillait, que je passais des nuits chez des gens – mais simplement parce que j'étais la fille de ma mère, d'une famille très connue dans la région, puisqu'on leur avait enlevé leurs terres pendant la colonisation française.

Il y avait la *zaouia,* avec le tombeau de l'ancêtre. Parce que j'étais la fille de ma mère, les portes s'ouvraient, je m'asseyais et j'échangeais des propos avec les familles. D'une certaine façon, j'étais revenue travailler, dans cet été 1975, au cœur même de ma généalogie. Je dois dire que bien que ce travail fût souvent une quête de documents douloureux, je l'ai fait dans une sorte de bonheur et de joie revivifiante.

La Nouba des femmes du mont Chenoua. Ce premier film semi-documentaire, semi-fictionnel (d'une heure cinquante-deux minutes) m'a pris deux ans (1977-1978) ; plus tard, j'en ai réalisé un second (d'une heure) que j'ai intitulé *La Zerda ou les chants de l'oubli* (1982).

Ce matériel sonore, ce n'étaient même pas des confessions, plutôt des conversations au soleil. Lors du montage, il me fallut reprendre tout cela comme un romancier quand il construit son roman, savoir comment, à quel moment, les images doivent se lever...

Ce qui est devenu passionnant dans ce travail, c'est que, brusquement, je m'apercevais que, même pour ensuite inventer ou rechercher des images, j'étais là sur un terrain complètement vierge de mon pays.

Car ma société – non seulement la société berbère, mais

la société musulmane, la culture islamique en général – se définit d'abord par un interdit sur l'œil.

L'image et le tabou de l'œil. Qu'est-ce qu'être une femme chez nous lorsqu'elle arrive à l'âge nubile ? Ce n'est pas seulement, comme partout ailleurs, faire des enfants, mais c'est aussi préserver son image, la cacher et garder cette image cachée, comme si elle était une sauvegarde. La garder pour le père, les frères, le mari, les fils. Et cet interdit donne lieu, actuellement, à de multiples conflits entre la civilisation audiovisuelle occidentale et ce monde arabe.

Or, on ne peut pas le schématiser comme le font les médias pour le grand public : que la femme, à partir du moment où on lui met un voile sur le visage et sur le corps, serait une prisonnière, une victime, une réprouvée, et qu'on doit pleurer sur elle. Je ne crois pas que ce soit aussi simple. Il y a d'abord ce tabou de l'œil.

Tous les rapports au corps passent par le visuel, bien que nous soyons dans une tradition où la médecine arabe a joué un rôle exceptionnel ; il a bien fallu que les premiers médecins de cette grande époque arabe se confrontent avec le corps et l'étudient nu !

Aujourd'hui, dans ce rapport au corps, le féminin devient l'enjeu vital, un enjeu de pouvoir.

Je reviens à mon travail dans les campagnes du Chenoua des années 1975-1976 au moment où je quêtais la parole des femmes...

On y voit les femmes quand elles sont fillettes, parce que c'est une région où la scolarisation était forte. On aperçoit toutes ces fillettes par les sentiers de campagne allant à l'école. On les voit en pantalon ou en robe un peu folklorique ; puis les femmes après cinquante ans – considérées alors comme vieilles, qu'elles sortent avec ou sans voile : surtout, celles-ci peuvent enfin être assez libres devant l'image qu'on prend d'elles !

Entre douze ans, quelquefois quatorze ou quinze ans, et cinquante ou cinquante-cinq (quand on a une vie fatigante à la campagne, à quarante ans, on en fait soixante), donc à ces âges où la femme est supposée être une femme désirable, évidemment il y a la chape du voile, et pas seulement du voile, il y a la porte qui se ferme.

J'ai dû travailler avec cette contrainte, et je peux dire que j'ai cherché d'une certaine façon à la respecter, à faire que ce vide devienne fiction : j'ai emmené une comédienne, qui venait occuper cet espace. A partir de cela, ce qui m'a intéressée, ne serait-ce que sur le plan de la théorie, c'est comment le documentaire et le fictionnel, dans l'audiovisuel, peuvent intervenir dans un pays islamique.

Je considère que, contrairement à toute une tradition de photographes et de cinéastes occidentaux, quand ils viennent dans ces pays photographier les gens pour la première fois, je considère que « cette image de la première fois » montrée par celui venu d'ailleurs est souvent un regard de viol, ou au moins de vol.

L'important, c'est d'inscrire, sur écran, une certaine durée de cette société ; tenter de faire admettre à ceux, à celles qu'on photographie, l'image qu'on prendrait avec eux – quelquefois malgré eux, mais jamais contre eux.

Finalement, pourquoi suis-je allée à l'audiovisuel, je dirai : pour le son et pour la parole, pour la parole féminine, que je voulais quêter si possible à la source.

Quand je dis la parole, c'est tout autant la musique, le bruit que la langue. Comment la saisir et que ramener d'elle ? Ce rapport est assez fascinant parce qu'il faut trouver des solutions qui, quelquefois, ne se trouvent qu'en tâtonnant, sur le terrain.

Voyage en cinéma

Je vais peu à peu vers le travail de cinéma – c'est-à-dire de l'écriture dans l'espace reconquis – comme si je refaisais plus sûrement mon premier voyage, du dedans, du noir de la chambre, vers la lumière de la rue et des autres. Désormais, je prends mon temps : ouvrir la fenêtre et contempler le soleil qui inonde, franchir le seuil (rideau de la porte soulevé, à demi écarté, infimes secondes, scansions menues d'une sortie vers ailleurs, nouvelle naissance...).

Dans chaque plan de mon premier film, tandis qu'âgée alors de quarante ans je vivais doublement mes vingt ans, j'ai ainsi dansé, du dedans au dehors, du dehors au dedans, mais en riant, sans m'écorcher, mais en vivant, sans fermer les yeux de timidité...

La caméra devenait mon corps, quand il se met à regarder de tous ses pores, et chaque image obtenue, terme de chacun de mes espoirs. Je me découvrais visuellement étonnée de l'existence des autres, de la couleur des êtres et des choses qui flottent sans crier, qui s'enracinent sans m'étouffer.

Transparence et arrière-plans, le rideau de la vie enfin se lève ; ne s'exhument plus les seuls cadavres, ne se dressent plus les prisons quotidiennes. La vie palpite, primipare : un émoi me saisit, écartelé entre le monde concentré là, devant moi, pour les huit à dix secondes de chaque plan, et moi.

Comme je titube, comme je me sens sur le chemin du miracle, mais que je risque de choir dans quelque aven, ce printemps de 1977, dans les montagnes du Chenoua, je ne me hasarde qu'à « tourner » dans le silence, aspirant malgré celui-ci, au souvenir de l'extase de Jalal el-Din el-Rûmi...

Le bruit, la voix, puis enfin le chant, par une lente patience a posteriori, je m'y installerai ensuite avec une humilité de couturière pauvre, tressant les sons devant une table de montage.

Ne rien tuer, ne rien figer, du dehors, maintenir le réel vivant dans ses attentes imperceptibles, et dans le bocage de cette fragilité, me mouvoir, avancer, sentir ma personnelle liberté.

Je vais donc peu à peu vers le travail d'images-sons, parce que je m'approche aussi des épousailles avec une langue maternelle que je ne veux plus percevoir qu'en espace ; elle a pris l'air définitivement. Au risque de la clamer, je ne veux plus l'entendre chuchotée par des prisonnières, ni soupirée par des bouches bâillonnées... Une langue d'insolation, qui rythmerait au-dehors des corps de femmes exposés, imposés, défi essentiel.

Au terme de mon cheminement, j'ai ressenti enfin combien la langue française que j'écris s'appuie sur la mort des miens, plonge ses racines dans les cadavres des vaincus de la conquête et c'est pourtant hors de cette tourbe mortifère que j'enlace les mots de chaque amour. Au terme de quelle transhumance, après les scribes connus et inconnus qui m'ont précédée un siècle auparavant, je tresse cette langue illusoirement claire dans la trame des cris de mes sœurs analphabètes, et j'écris tout amour en alphabet latin.

Mais je vogue aussi, même pas le calame à la main, ni même lestée de la planche coranique de l'enfance, je navigue, corps mobile et debout, vers la langue arabe emmaillotée de ses tabous. Je la sors de sa nuit pour la toucher, même en morceaux, même brisée dans les dolines des sentiers, en oripeaux de nomade certes, mais tout ensoleillée !

Les mots se palpent, s'épellent, s'évanouissent comme l'hirondelle qui trisse, s'évaporent comme la cinglure de la voile à l'horizon, les mots peuvent s'exhaler, mais leurs circonvolutions ne ferment plus les persiennes, leurs arabesques n'excluent plus nos corps porteurs de la mémoire.

L'écriture qui s'incurve s'ouvre enfin au différent, se vide des patenôtres, s'allège des interdits paroxystiques, devient une natte parfilée de silence et de plénitude.

La langue maternelle, pour moi, surgit de sa tombe. Tandis qu'elle me présente presque cérémonieusement les préliminaires de son ordalie, je ne m'attache qu'à épousseter son chemin, qu'à éloigner d'elle les cris informes, pour qu'elle parvienne un jour à reformer en moi son chant de l'origine.

« Islam », dit-on, se traduit par soumission. Se trahit ?... En attendant l'incertaine renaissance, peut-être faudrait-il rappeler qu'au temps de la floraison toutes les autres langues, la grecque, l'iranienne, la berbère, la copte, et j'en passe, se sont mêlées au creuset des traductions, donc des trahisons, écrites et orales.

Les femmes captives les plus recherchées pour les harems des gouvernants, des Nord-Africaines aux Circassiennes, enfantaient dans le luxe de l'esclavage. Or ce métissage de sang et de langages, des femmes prises et des langues « étrangères » acquises, forme paillettes et paillons pour le vêtement même de la Tradition.

Comment m'expliquer ce résultat ambigu : plus les images de « chez moi » se lèvent sur l'écran que je crée moi-même, plus la violence d'une taciturnité prompte me secoue, et l'envie me saisit de reculer davantage dans le noir.

« Vos regards pour me cacher », titre d'un de mes scénarios en audiovisuel : j'inscris ces mots dans leur halo incertain de torche brandie malgré moi.

Ce qui me gêne dans l'écriture en langue française, c'est, dans sa voix incluse, un ton à peine un peu trop haut...

Ce qui me froisse dans la lumière des projecteurs – en documentaire devant la réalité, en fiction pour les fumées du rêve – c'est soudain une pénombre imprévue qui y devient algazelle insaisissable.

VI

Ecriture de l'étranger/étrangère...

Et le maître dit à l'hôte :
– Puisses-tu trouver ton lieu.
– Où est mon lieu ?
– Au milieu de ton âme.
– Comment parviendrai-je jusqu'à lui ? Pour le découvrir, me semble-t-il, une vie entière n'y suffirait pas !
Et le maître dit :
– Tu l'as rejoint. A ta divine pâleur, je le devine.
– Coupé en deux, je me tiens debout devant toi. D'un côté, il y a moi ; de l'autre côté, il y a moi. Au milieu, il n'y a rien !
Et le maître dit :
– Là est ton lieu !

Edmond JABÈS,
Un étranger avec, sous le bras,
un livre de petit format.

La chambre d'échos

1. Je me souviens... Je me hâtais, en cette aube d'automne parisienne, pour un train que je croyais rater : le chauffeur de taxi dont la conversation jugulait mon impatience était une Turque émigrée d'une trentaine d'années ; elle avait quitté, dix ans auparavant, mère et frère dans sa petite ville d'Anatolie, car elle désirait « apprendre la langue française », me confia-t-elle. « Et pourquoi précisément le français ? » demandai-je, moi, l'Algérienne qui, dans une enfance écoulée en période de colonisation finissante, n'avait pas vraiment choisi le français.

– Le français, comme la ville de Paris, dit-elle dans sa langue à peine raidie du fait du récent apprentissage, c'était pour moi le synonyme de « ma » liberté !

Elle eut le temps d'évoquer son trajet migratoire, ses successifs travaux de hasard, sa pratique rapide de la langue étrangère, la chance d'avoir enfin obtenu, tout récemment, cette licence de taxi : ainsi figurais-je parmi ses clients de la phase inaugurale.

Dans le train qui m'emmenait en province rencontrer des associations de femmes émigrées, j'ai rêvé à cette inconnue. Elle s'était rappelé, pour finir, les retrouvailles familiales : un frère aîné, qui avait voulu autrefois la marier par contrainte, lui envoyait sa fille adolescente « pour un stage d'étude », précisa-t-elle et celle-là deviendrait au pays un professeur... de français.

Cette anecdote, dix autres semblables peut-être, illustreraient le chassé-croisé des langues dont la toile se tisse aux franges de l'Europe d'aujourd'hui... Maghrébins de France, de Belgique, de Hollande, Pakistanais d'Angleterre, Turcs d'Allemagne vivent leur métissage mouvant comme un mariage forcé : ils perdent au jour le jour, eux mais davantage leurs enfants, un peu plus de leur langue d'origine, maille après maille, silence après silence, et ils « s'expriment » – c'est-à-dire ils écrivent, ils parlent, ils tentent de dialoguer – dans la langue de l'hospitalité contrainte et fluctuante.

Comme chez ma Turque de cette aube d'automne, la langue du déplacement prolongé, de l'installation devenue permanente, a fait auparavant appel. Car tout exil porte dans sa durée la trace d'une brisure ancienne, particulièrement chez des femmes quand elles écrivent.

2. Dans mon expérience d'écrivain de ces dernières années, je ne soulignerai qu'un point : dans l'entreprise semi-autobiographique que j'ai amorcée avec *L'Amour, la fantasia,* puis *Ombre sultane* (histoire de la langue française qui s'écrit à travers et grâce aux corps à corps meurtriers des guerriers français avec mes ancêtres), je n'ai pu, moi, tout autant héritière de ce legs ensanglanté qu'auteur(e) du récit romanesque se fragmentant sans cesse dans l'entre-deux, oui, je n'ai pu parvenir à l'unité, disons à la respiration profonde de ces textes que grâce à un espace tiers, à une trouée-durée représentée par deux étés successifs à Venise.

Le séjour italien que j'avais cru simple répit, tandis que je déambulais des jours et des nuits dans la prestigieuse cité – pour moi, médina retrouvée où les quotidiens féminin et masculin n'étaient plus divisés –, me permettait d'ancrer mon texte en gestation, se nourrissant et s'autodétruisant d'un amour-haine algéro-français, dans un espace enfin pur.

Oui, Venise, lieu d'Occident et d'Orient, me devenait à la fois havre pour mes pas et lieu de cicatrisation pour ma main de romancière, j'allais dire de couturière de symboles.

Moi qui prévoyais, pour un séminaire à l'université d'Alger, de présenter aux étudiantes (avec ou sans tchador) le trajet de trois Européennes : Virginia Woolf, Ingeborg Bachmann et Elsa Morante – en quoi leur condition féminine, leur témoignage de la guerre creusent leur écriture et entraînent aux rives d'une vérité de tragédie leurs corps vulnérables –, est-ce que je ne me situe pas là dans les retours, ou le non-retour, des migrations des langues et du récit ?

3. Le poète et romancier Mohammed Dib a eu besoin, dans une trilogie située en Finlande, d'opérer un exil de son exil, point de fuite plus fertile qu'un non-retour, et c'est au Nord européen que s'innerve sa mémoire : dans son roman *Neiges de marbre,* une fillette de trois ans, Lyyl, esquisse un dialogue friable avec le père-narrateur qui revient chaque été.

« Peu à peu nous découvrons une parole commune à travers l'autre, la parole étrangère », remarque le visiteur qui étreint son enfant *« de ses yeux comme s'ils étaient ses bras ».*

Puis il constate :

« Je sais ce qui se perd pour le moment : la vie de ma mère, dans son pays. Elle se meurt en cette minute. »

Parabole dont la transparence troublera tant d'écrivains d'Afrique émigrés : le son maternel s'évapore chaque jour en eux et cette perte devient ombre portée sur la langue acquise, un esseulement. Notre écriture occidentale entrouvre alors comme un Sahara béant dont les grottes, ou les ruines, aux gravures de sable et de silence se profilent loin, en arrière des avant-scènes...

Vers cet horizon, pourrait résonner la voix du grand poète suédois Gunnar Ekelöf qui, à Istanbul, en 1965, entrevoit les fulgurances de sa trilogie orientale, dans le sillage des influences byzantine et soufie :

Quelqu'un que j'appelle ma fille
Conduit un aveugle voyant

chante le prince aux yeux crevés du *Diwan sur le prince d'Emgion,* lui qui crie à son ombre : *« O mère, qui es également ma fille ! »* tandis que le voyageur en Finlande, dans le récit de Dib, découvre, dans une plénitude brève :

« Lyyl à un bout, ma mère à l'autre, là-bas dans son pays, moi entre les deux... Celui qui dit "je", aveugle... trébuchant et tombant dans toutes les fondrières : c'est le ciel, se dit-il, le ciel qui s'ouvre ! »

Me voici à tendre le plus ténu des fils de soie entre l'Algérien en Finlande, s'ouvrant, malgré « le mur des langues », à une grâce liliale de la paternité, et Ekelöf vivant, dans la nuit d'Istanbul, l'éblouissement ultime de sa quête poétique. Entrecroisement des cheminements, fluidité des mêmes eaux, des mêmes âmes, d'une spiritualité apparentée autant à Swedenborg qu'à Djami le Persan, lui-même dans la lignée de l'Andalou Ibn Arabi...

Dans cette généalogie, l'Europe redevient même pays, et tant de noms ici chantres de l'amour et de la féminité !... Imaginaire des œuvres se nourrissant les unes des autres ; traduire, un jour prochain, en arabe, en persan ou en bengali *La Légende de Fatumeh,* deuxième volet de la trilogie d'Ekelöf.

Fatumeh, au nom de Fatum, mais qui, en arabe, rappelle le poète, veut dire *« celle qui sèvre son enfant »,* est vendue, fillette, par sa mère, puis sauvée par amour, elle se retrouve plus tard prostituée vieillie *« dans la crasse et le sang »*, portant en elle l'ombre ineffaçable de cet amour.

Demeurant, pour ma part, dans « ma » langue française, je me mets à réhabiter Le Caire, en compagnie de Gérard de Nerval, en 1843. Avec lui – mi-réalité, mi-fiction – j'entre au marché des esclaves, je m'extasie sur une belle Javanaise.

L'esclave de Nerval ressuscite, autre femme vendue, orgueilleuse elle, et qui ne veut pas de sa liberté : j'écris ces jours-ci contre son corps, tout près de ses lèvres...

Le thème de la musulmane opprimée jusqu'à l'extrême fait pleurer désormais les chaumières de France, de Navarre et d'ailleurs, non sans ambiguïté. Zoubeida, que Nerval persiste dans son texte à ne pas nommer, lui permet de prendre maison et langue dans un Orient trouvé.

Commentant l'échappée nervalienne, j'entre, par coulées intermittentes, dans le roman de Claude Ollier, *Trucage en amont,* dont la magie, par vibrations, par miroitements, me restitue un retour au presque « chez moi » : douceur feutrée, familiarité tactile, incisive au lieu « comme natal » du narrateur en poste dans le haut Atlas marocain. Reflue en lui l'enfance au village français de la grand-mère, dans une alliance de couleurs d'hiver, de sensations, de pulsations. Circulent continûment entre passé et présent, entre ici et là-bas, les musiques – Schubert, Stravinski ou Verdi – du poste à galène et des 78 tours, clameurs des *ahouaches* des montagnards, dehors, sous les amandiers, chez le khalife, musique andalouse à *« la sérénité délicate, une aristocratie de l'unisson ».*

Seuls les sons ne trompent pas et l'étranger qui perd ses repères dans cette enquête en pays berbère conclut :

« Il n'y a pas de relation possible de l'ailleurs, pas de récit, de l'écrit peut-être. »

Mohammed Dib évoquait, lui, dans son récit nordique, *« l'impulsion obscure de l'ailleurs... Sans, à aucun moment, trahir son mystère ».*

4. Le martyre de Sarajevo, ces mois d'été pourri, scande mes réveils par l'annonce radiophonique des morts de la veille. Les images des survivants, des prisonniers, des détenus des camps honteux vous fixent muettes et vous suivent tout le long du jour. L'Europe ne serait-elle plus qu'un œil immense et vide, regard audiovisuel tombé dans l'obscène, à force de n'être que visuel ?...

L'autre jour, la bibliothèque nationale, avec ses manuscrits de la mémoire bosniaque, a flambé : rares échos à Paris où, c'était hier, mourait Danilo Kis. Il imaginait, dans *L'Encyclopédie des morts,* une bibliothèque où chacun, le plus anonyme, retrouverait, consignée par écrit, sa vie entière. Elle aurait été *« le grand trésor du souvenir et de la preuve, unique en son genre, de la résurrection ».*

C'est en récit de la résurrection que se présente, dans le même recueil, *La Légende des Dormants,* développement en vingt strophes lumineuses d'un verset de la XVIIIe sourate du Coran ; ce verset cité en exergue, l'auteur précocement disparu l'inscrit en serbo-croate et je me dis qu'il aurait sans nul doute présenté son texte en don de compassion pour les victimes de la tragédie actuelle...

« Tout est à partager et rien n'est partageable : le sort de l'homme, comme celui du monde. Sur cette difficulté inhérente à sa nature même, se fonde peut-être la réciprocité du don », écrivait dans *Le Livre du Partage* Edmond Jabès qu'il m'est doux de convoquer là, pour la nécessaire déploration devant cette duplication du malheur. L'écrit de Jabès, tracé dans *« la patience du silence »,* portant et transportant sa *« part du sable »* du désert dont il resta hanté, nous devient promesse de guérison – *« livres de la shifa »,* disait, en citant Avicenne, le premier lecteur de Jabès, Gabriel Bounoure, mon ami d'autrefois, l'inoubliable, à Rabat...

Littérature, lieu du non-lieu qui serait l'écriture du désastre qui s'ensable. Infinie déréliction du langage, dans l'impuissance bouche bandée, yeux dessillés, et dont, après Kafka, Beckett et Blanchot furent les augures !

Dans cette chambre d'échos que j'esquisse, du Caire de Nerval au Maroc de Bounoure et de Claude Ollier, jusqu'à la Turquie d'Ekelöf, et à « mon » Algérie enterrée et germée dans des mots français, je parle donc toujours d'Europe, moi, l'étrangère.

« Tu es l'étranger. Et moi ? Je suis pour toi, l'étranger. Et toi ? » s'étire le tutoiement fraternel de Jabès qui nous quitta, bouleversante politesse d'Oriental, avec ce dernier titre : *Un étranger avec, sous le bras, un livre de petit format.*

Etranges étrangères

I

Je songe, pour commencer, à un grand écrivain européen de l'entre-deux-guerres : Pessoa, l'écrivain parti enfant de sa Lisbonne natale pour séjourner en Afrique du Sud, et y recevoir une éducation en langue anglaise.

Il revient, à moins de vingt ans, vers sa terre et, en même temps, vers sa langue portugaise. Il ne fait pas ce choix sans hésiter ; il a espéré, un moment, aller en Angleterre et devenir écrivain anglais. Certes il le sera aussi, mais c'est la langue portugaise qui deviendra définitivement sa patrie, Lisbonne le lieu unique de ses voyages immobiles et de ses identités multipliées.

De Pessoa, Eduardo Lourenço dit qu'il est « l'étranger absolu ». Or je voudrais rappeler que le concept « pessoen » par excellence, c'est celui de *l'intranquillité.* L'intranquillité, ce serait, pour Pessoa, ne pas quitter son pays tout en restant indéfiniment l'étranger.

Vivre donc sur le seuil de l'Europe en étranger, plutôt en « étrangère absolue », ce sont les femmes émigrées en Europe, elles qui viennent du Sud et de si loin, celles que l'on prend pour des analphabètes, qui l'expérimentent en cette fin de siècle, aujourd'hui. Elles sont arrivées, un jour, dans ces grandes cités qui les ont éblouies, et pour elles l'infini d'une effraction s'est ouvert, s'est élargi, tandis que, autour d'elles, se creusait un vertige de silence.

Car la parole de tant de voyageuses – et j'évoque les émigrées maghrébines, turques, maliennes, transplantées brusquement du douar, du village de montagne, du hameau du Sahel vers les métropoles populeuses et bruyantes d'Europe –, cette parole, au sein d'une mobilité aussi contrastée, si souvent gèle ou, tout au moins, devient vulnérable.

En France, venir de si loin pour rejoindre son mari, un bébé dans les bras, ses petits accrochés à ses basques, cela s'appelle administrativement « bénéficier d'un regroupement familial ». C'est d'abord quitter les siens dans le vent d'une sourde peur ou d'une soudaine audace. Le monde des autres – le « nouveau monde » – pour elle, l'étrangère, l'exotique, ce monde se perçoit désormais à travers un brouillard.

II

La parole, au cours de ce déplacement qui est à la fois transport du corps et du cœur, nécessite une assez longue maturation pour émerger ; pour renaître.

Et c'est ce premier silence – un silence entre deux langues, dû à ce voyage de contrainte et de nécessité – sur lequel je m'arrête : femmes fragilisées par le voyage, leur retenue, leur timidité maussade se nourrissent de la prescience des contacts hasardeux et fragiles, pour elles-mêmes et pour leurs petits...

Je sais qu'on parle assez aisément de la littérature de l'émigration en Europe : c'est en effet l'émergence de l'écriture des enfants de la « seconde génération » qui intéresse chercheurs et observateurs, comme si ceux-ci avaient hâte surtout de prouver que les premiers migrants sont bien arrivés au terme de leur errance : vous le voyez, leurs enfants, dans « notre » langue, éprouvent le besoin de témoigner !...

Mais ne faut-il pas pourtant aller voir par-derrière le barrage en amont ? Car le « barrage », c'est d'abord la mutité des femmes, des mères, les premières arrivées. Elles sont là, quelquefois encore jeunes, souvent silencieuses, mystérieuses, et leur mystère n'a rien de vraiment romantique. Il reste lourd ; il se cherche encore. Il est ombre.

La mère cependant se maintient au premier plan, symboliquement et concrètement, dans le quotidien des migrations de banlieues. Tant qu'elle ne s'ancre pas dans une autre culture, dans d'autres habitudes, une autre vie, le temps qui s'écoule, pour la femme émigrée, est temps pour procréer encore, et voir grandir les enfants. Ceux-ci vont aller à l'école des Autres, devenir peu à peu des demi-étrangers à leur terre d'origine, en quelque sorte des Européens mais dans l'étrangeté.

Leur parler va se griffer de l'accent du terroir ou du quartier d'enfance, c'est-à-dire d'ici. Qui pourtant n'est jamais « l'ici » de leurs mères...

La langue du dehors, la mère la sent désormais comme une sorte de rivale qui vient lui happer le cœur des enfants, eux qui, pensait-elle, devaient servir de passeurs entre elle et les autres. Or les enfants des migrantes deviennent rarement des intercesseurs.

Finalement, ces mères – qu'on appelle du terme presque barbare de « primo-migrantes » – gardent plus longtemps que prévu une mutité longue, lourde. Les voici, dans les rues illuminées, des silencieuses au-dehors, elles qui conservent au-dedans, avec leur dialecte, leurs fichus, leurs bijoux, leur effarouchement.

Pourtant il me semble parfois qu'elles se métamorphosent

plus vite que si elles étaient restées au pays. Elles se transforment en femmes vigoureuses : elles ont tendance – les enquêtes, dans les banlieues parisiennes où je passe parfois une journée, me le confirment – à exagérer, à gonfler leur fonction maternelle, qu'elles sentent peut-être comme la protection la plus valorisante. Certes comme femmes de ménage, comme nourrices, comme cuisinières, elles côtoient souvent, en dehors de leur famille, d'autres femmes et à ce moment-là leur aura maternelle s'affaiblit... Cela suppose qu'elles entrent dans le domaine du travail, ce qui devient assez difficile.

Ces mères donc, avec leur rôle hypertrophié de gardiennes de mémoire figée, tentent de renforcer le matriarcat d'origine, justement parce qu'il demeure, dans l'errance de la communauté, la seule forme d'identité visible. Les hommes, leurs époux, les pères, sont désormais si souvent chômeurs dehors, et continuent d'être absents au-dedans !... Leurs enfants, filles et garçons, se mêlent à l'école, se fondent aux jeunes d'autres émigrations ; certains sont vite en rupture de ban, les violents, les désœuvrés, les révoltés.

Pourtant ces mères ne sont pas toujours des mères ! Quand elles se groupent entre elles, hors des maisons, elles pouffent soudain de rire, elles s'attardent dans des squares, elles stationnent sur les seuils avant d'aller chercher leurs petits à quatre heures de l'après-midi, à la porte de l'école. En vérité, elles paraissent – en de courtes parenthèses – elles-mêmes des fillettes ; mais vite, elles se reprennent et redeviennent, graves ou dures, des vigiles du Sud installées au cœur de l'Europe.

Celles que je rencontre dans mon quotidien d'aujourd'hui, les Maghrébines en région parisienne dont j'entends dans le métro des bribes de dialogue, qu'elles viennent de Fès ou de Tlemcen, ou de Kabylie, je les reconnais à l'accent de leur parler, et presque à leur manière de rire, ou de se fermer. Je contemple aussi des Maliennes, des Zaïroises dans les bus de banlieue du soir : elles portent en souriant leurs bébés sur leurs hanches, quelquefois sur leur dos... Je songe aux Turques en Alsace, en Allemagne, en Hollande, aux Indiennes et aux Pakistanaises en Grande-Bretagne, qui toujours semblent avoir débarqué le mois précédent, cela fait cinq ans, ou dix déjà qu'elles se sont installées. Elles ne parlent au-dehors qu'entre elles ; elles acquièrent quelques nouvelles stratégies. Enfin elles manifestent un peu de ruse, beaucoup de crainte ou une irrépressible nostalgie.

A toutes ces émigrées du présent européen, il faudrait dire, car elles ne le savent pas, qu'elles sont en train de prolonger, au-delà de la Seconde Guerre mondiale, deux générations plus tard, l'exode des familles juives fuyant les ghettos de l'Europe centrale pour la France et l'Ouest. Toutes ne se doutent pas qu'elles continuent l'exode des familles kurdes, des réfugiés cambodgiens, viêtnamiens, thaïlandais, tant de « boat-people » hier débarqués. Elles ne se doutent pas que souvent leur déambulation est l'écho de l'exil arménien des années vingt.

Inutile de s'attarder sur ces histoires répétitives d'anciennes migrations. Il s'agit surtout de faire sentir combien ces mères, accrochées à leur langue d'origine, arrivant le plus tard possible dans l'autre langue, sont avant tout des figures de la poursuite et du refuge, un court instant, assuré. Elles demeureront silhouettes de fugitives essayant de tisser une durée dans le hasard de l'installation !

III

Peut-être pourrais-je revenir, parallèlement à ces personnages de la fuite, à l'écriture.

Edmond Jabès, contraint en 1957, dans son âge adulte,

de quitter son Egypte natale pour Paris, constate : « *L'étranger est constamment au début de son histoire.* »

Décidément, il me semble que c'est à travers le corps des mères que la parole des enfants du déracinement s'est mise à travailler, s'est mise aussi à se taire, à se terrer pour rechercher, autour de la perte du lieu d'origine, des mots qui tracent – cette expression « des mots qui tracent » étant reprise de Jabès encore. C'est là le devenir d'une greffe inévitable.

J'ai paru privilégier le statut de la mère, comme métaphore de l'étrangère ; comme si sa mission, faite de mutité et d'invisibilité à la société autochtone, était de nourrir « d'orgueil et d'amertume » ceux qui seront les nouveaux prolétaires de l'Europe.

Je la vois l'étrange étrangère, elle qu'on accueille si rarement, je l'imagine emmitouflée et tête levée vers l'horizon qui recule devant elle avec ses petits : elle s'inscrit entièrement dans le mouvement de l'errance.

Pourtant, pour moi, ses yeux sont étrangement fichés sur sa nuque car elle ne peut s'empêcher, tout en marchant, de regarder par-derrière ! Ces yeux exorbités, et placés ainsi derrière, ne savent plus regarder : mais c'est l'être tout entier qui ainsi se souvient ; c'est le corps qui irréversiblement avance, pour pousser en avant les tout-petits, mais plus la mère arrive parmi nous ici, plus elle reste liée là-bas.

Là-bas où retourner l'été, où rêver, à défaut, d'y aller pour mourir ; où elle n'ira plus mais tant pis ! Ses yeux, en arrière, lui deviennent comme les phares de l'origine perdue. Elle, l'étrangère, s'est presque statufiée dans l'absence.

Pour les jeunes de toute émigration, l'ivresse du mouvement, ils la trouvent en s'installant dans la langue de l'hospitalité : la seconde langue. Et plus celle-ci les envahit, plus la perte de l'autre langue – donc de la statue-mère – s'agrandit. Se retrouvent-ils entre deux langues, vraiment ? Plutôt l'une chevauchant l'autre, plutôt la nouvelle faisant reculer l'autre, la voix de la mère – celle qui cède le pas, et le terrain, mais celle de la souvenance.

Les matrones de l'errance se tiennent-elles entre deux langues ? Plutôt entre deux silences.

L'écriture de l'expatriation

1. « Expatriation » : mot au visage d'ombre, au masque figé ou épouvanté du traumatisme causé par l'attelage à la fois de la peur, de la précipitation et de la première halte, de l'incertaine étape vers quoi, vers les jours prochains, jamais de l'apaisement, à peine du répit provisoire, du déménagement.

Le présent de l'expatriation, son expérience à vif, vécue à plusieurs ou solitairement, ne peut presque jamais, ou si rarement, devenir instant propice à l'écriture.

Non pas tant parce qu'écrire suppose immanquablement « se poser », s'arrêter pour chercher souffle, pour commencer à regarder tantôt derrière son épaule, tantôt au-devant de soi... Non, l'expatriation au présent ne peut être objet d'écriture, ni point d'appui : elle est son contraire ; son mouvement aveugle, ses élans contrariés et multiples figent l'intérieur de l'être alors que le corps marche, que le regard quête, que le dos se courbe ou se redresse... Les mains, les mains des fugitifs qui se rassemblent sur le versant de la route, qui se sentent à tout instant sous le vent, alors même que le toit, une nuit ou quelques nuits, les abrite...

Ecrire, dites-vous, et dans la bousculade du départ, ou dans le voyage étiré dont on ne voit pas, dont on ne verra pas le point d'arrivée ?... Or écrire, c'est s'arrêter vraiment, c'est déceler, tâter, se mettre à reconnaître les premières limites, même ténues, d'un territoire à reconquérir.

2. Dans cet entre-deux qui s'étend entre Nord et Sud, ou entre Sud et Nord – désert, mer houleuse, étendue mouvante sur laquelle dresser, ou retrouver, déjà dressés, des ponts, ou tout au moins des passerelles –, l'écriture des expatriés (et je ne parlerai évidemment ici que de l'écriture en langue française, ce miroir de la langue du Nord où se reflètent visages et images d'un Sud fracturé), cette écriture est territoire nouveau, terre seconde qui s'esquisse, se dessine, se précise et quelquefois se fortifie pour les transbahutés de l'histoire, eux témoins d'une déflagration, d'aventures collectives dans lesquelles, se sentant parfois comme fétus jetés, ils tentent, une plume en main, de saisir un peu du gouvernail...

Oui, l'écriture de l'expatriation, sinon au moment de la rupture à vif, au moins dans ses premiers lendemains où le provisoire, un instant, se calme et se tasse, cette écriture qui surgit, ou ressurgit, devient espoir d'une arrivée, d'un terme à la fois espéré et rejeté.

L'expatrié, longtemps après la coupure du départ, reste dans cette condition première, y stagne souvent indéfiniment ; il s'installe dans cet *ex* de la patrie quittée, de la permanente patrie éloignée physiquement, du coup pérennisée intérieurement, réassumée, ou quelquefois reniée haut et fort selon les cas... C'est dès lors cette hantise, l'obsession de la terre brutalement quittée, s'exprimant à travers les textes d'écrivains en fuite, puis trouvant refuge, mon propos aujourd'hui.

3. L'expatrié donc, peu après cette blessure de l'amputation, est stupéfié : atteint de mutisme, d'un silence forcé. Il

devient seulement regard pour les témoins, ceux qui vont l'accueillir, ou ceux qui se détournent, ceux qui craignent l'afflux – telles sur les routes autrefois d'Europe des caravanes de romanichels, appelés alors « Egyptiens » –, l'afflux des indésirables, de ceux qui, portant le malheur sur soi, risquent pour « ceux sans histoire » d'amener, malgré eux, contagion...

L'expatriation, certes, se termine dès que s'ouvre le premier seuil, pour se poser, et seulement après pour parler...

Surgit d'abord la parole, qui ne se pose pas encore en écriture.

Ce n'est pas encore le moment du *« soi devant soi »,* pas encore l'instant du récit à reconstituer, de la trace à reprendre, pour chercher à la fixer.

Parole du premier accueil, du premier hôte où se dessine un peu de l'espoir qui renaît.

(J'ouvre une parenthèse parce que se dresse devant moi l'image d'Œdipe, quand, aveugle, il est chassé de Thèbes et se retrouve sur la route, suivi seulement par sa fille Antigone. C'est du très beau roman du poète belge contemporain, Henry Bauchau, intitulé *Œdipe sur la route*, que j'extrais ces quelques lignes, comme première des images mythiques de l'expatriation :

« Il dit : "Je suis Œdipe, qui fut roi, qui est aujourd'hui un homme parmi les hommes, un aveugle parmi les aveugles... Je demande à tous de m'accueillir à nouveau comme un suppliant, un aveugle et un homme parmi les autres hommes."

Les bergers ne bougent pas derrière le buisson. Antigone voit leurs yeux qui brillent entre les feuilles. Ils ont entendu, ils n'ont pas répondu par des cris hostiles ni par des pierres, mais ils ne se lèvent pas, ils ne viennent pas vers Œdipe, ils ne l'invitent pas à venir vers eux.

Œdipe attend puis il dit : "Allons vers l'ouest." »

4. En viendrai-je, plus modestement, à mon propre statut d'Algérienne en Europe, depuis environ quinze ans ?

Ni réfugiée d'abord, ni émigrée, ni exilée, comment définir toutes ces années qui me furent essentiellement années d'écriture depuis *Femmes d'Alger* en passant par les trois volets de mon quatuor algérien, et en incluant *Loin de Médine* pour arriver récemment à un récit sur la mort et l'écriture, en Algérie, que j'ai intitulé *Le Blanc de l'Algérie* ?

Durant ces quinze années, je me suis définitivement installée donc dans cet entre-Nord/Sud, c'est-à-dire pour moi entre deux rives de la Méditerranée, entre deux territoires, entre deux langues ; également entre deux mémoires.

Ecrire à la fois celle de la colonisation d'hier et celle de la post-colonisation, ou plutôt de la décolonisation dans la langue précisément du colonisateur d'hier, oui, écrivant depuis longtemps et de plus en plus nécessairement dans ce constant tangage, dans ces allers-retours, voici que je débouche aujourd'hui (aujourd'hui, c'est-à-dire depuis environ deux ans) dans cet inter-rivages qui me fait affronter soudain la falaise du non-retour : non-retour que je voudrais croire provisoire, momentané, mais derrière la menace du non-retour, la présence plus du tout symbolique de la rupture se concrétise.

Non-retour qui dresse désormais son négatif, son manque, sa durée.

Deviendrai-je donc une expatriée ? Pas encore ou pas tout à fait parce que mon premier départ s'est fait comme un lent et progressif déchirement, un éloignement que j'ai cru volontaire et que j'ai vécu cependant comme provisoire. Comme des instantanés de provisoire.

Eloignement que j'aurais voulu assumer comme un don – un sacrifice, un tribut à devoir – offert par moi-même à mon écriture et à la liberté de celle-ci... Je me suis écartée de la terre-patrie au début des années quatre-vingt, éloignée ainsi à vue pour ne pas me perdre de vue, moi et les miens... Ligne de fuite de la perspective où, moi romancière, je croyais m'installer ; « fugitive et ne le sachant pas », me suis-je ainsi définie dans mon roman *Vaste est la prison,* le plus autobiographique, sans doute.

5. Mais j'abandonne mon cas personnel, pour rappeler (c'est le plus important) que ces deux ou trois dernières années, se sont multipliés, autour de nous, les destins de tant de mes compatriotes, livrés à l'arrachement brutal : mille, deux mille, disons trois mille intellectuels algériens, ou davantage, de tous âges et de toutes conditions – dont quelques-uns des amis, des connaissances, d'autres dont je peux décrire le trajet professionnel, par leurs écrits et leurs témoignages, tous (et, derrière eux, une diaspora plus large, qui va risquer de s'agrandir : vingt mille, trente mille citoyens très ordinaires, ou davantage...) portant dans la fièvre de leur regard l'ombre si proche de ceux qui n'ont pu, ou n'ont pas voulu, ou n'ont pas eu le temps de partir, et qui, pour cela, sont tombés sous les balles : à Oran, en septembre 1994, un professeur de sociologie qui attendait son visa pour aller enseigner à Grenoble ; à Alger, telle chercheuse agronome de haut rang qui, à peine alertait-elle ses homologues français susceptibles de l'aider à partir, tombait fusillée dans son bureau d'El-Harrach (Maison-Carrée) ; enfin, de si nombreux journalistes, une quarantaine maintenant dans le sillage immédiat du jeune romancier Tahar Djaout, éditorialiste entré dans l'arène journalistique dès le début de la tourmente, abattu une aube de mai 1993, en sortant de chez lui...

Ainsi, en amont de l'expatriation, des amis sont atteints irrémédiablement, des victimes surprises après avoir tourné en rond dans leur ville, dans leur quartier, venant tout juste de s'apercevoir que le lieu natal, que la maison familiale, que le couloir de l'immeuble sont devenus piège mortel.

Oui, en arrière de l'expatriation, survenue dans la hâte ou en un lent déchirement, il y a la mort des victimes auxquelles nul sursis n'a été accordé. Il y a la tragédie.

6. Ma première assertion, en prélude de cette réflexion, serait la suivante.

L'écriture de l'expatriation (*de,* c'est-à-dire à la fois *sur* et *dans* l'expatriation) est difficile à émerger, pas tant à cause du traumatisme, de l'étau de la douleur dont il faut tamiser l'opacité, le resserrement qui assombrit ou durcit. Non.

Ecrire *sur* ou *dans* l'expatriation devient expérience ambiguë, inconfortable, peu naturelle, car elle survient *après la tragédie ;* celle-ci frôlée, côtoyée, laisse en nous son chancre noir... L'expatrié est d'abord survivant d'après le séisme, survivant dans le provisoire.

Ce n'est pas ce provisoire qui alourdit sa main allant écrire – au contraire, l'aléa, l'incertain est après tout condition même pour le désir de témoigner. Générateur d'inquiétude, l'éphémère devient si souvent terreau fertile pour l'écrit solitaire et quêteur. Car se gonfle soudain le besoin d'interpeller, qui gît, latent, dans toute naissance de l'écriture.

Mais, tandis que l'expatrié vous regarde, hébété, sur le bord de la route, retrouvant si lentement ses esprits, son rythme, le calme de ses traits, de sa voix, cet homme, cette femme, qui va affronter d'ordinaires problèmes de survie, cherche certes à parler, à échanger, à dialoguer.

Car la nuit derrière lui, derrière elle, l'expérience encore fragile de la veille, celle des morts laissés, celle des victimes n'ayant pas eu la chance de fuir, la tragédie donc si proche continue de déployer ses ailes sombres là-bas et si près. Or cette tragédie encore en action devient un plomb.

L'écriture de l'expatriation, quand cependant elle surgit, se lève de cette fosse-là : tenter d'oublier la mort frôlée hier, et dans le vent de la tourmente déclenchée, cette écriture longeant la catastrophe, la devançant et la fuyant à la fois, va s'inscrire comme en sus. En supplément.

Ecrire, dès lors, serait prendre conscience de se situer dans le chevauchement constant d'une frontière dangereuse, fluctuante, incertaine : une inscription de l'infranchissable malgré soi ou en dépit de soi, et qu'il faut tout de même dépasser.

Ecriture ni de la nostalgie (comme celle de l'exil), ni de la mélancolie (comme celle du voyage romantique), plutôt une trace entêtée de survivant.

Survivre, et en rendre compte, ne serait-il pas à la fois une apparente gratuité, un accident, une chance dont on aurait quelque peu honte si elle ne se transmuait pas en devoir de mémoire, en exigence de solidarité ? Oui, je dirais aujourd'hui – pour moi, pour d'autres en début de fuite ou en cours d'échappée – qu'écrire c'est tenter désormais de fixer, de rêver, de maintenir *un ciel de mémoire.*

Je voyageais en terre allemande, l'été 1989, et j'étais fascinée par ces fugitifs de l'Est qui soudain en masse arrivaient... Et cette courte expérience qui a amené à la chute du mur de Berlin, puis à la réunification, est, comme vous le savez, six ans après, objet de débat, *disputatio* littéraire autour du dernier roman de Günter Grass.

Six ans après : cette amplitude semble le minimum de temps requis pour la transmutation grâce à laquelle le simple témoignage devient... littérature.

7. Nord/Sud : c'est à l'intérieur de cet espace que les débats, aujourd'hui, que les textes, les œuvres, pour moi, écrivaine maghrébine, s'éclairent. C'est dans cette perspective que j'aimerais faire un détour par quelques œuvres de femmes.

Est-ce un hasard si les trois femmes-écrivains de langue française les plus importantes, sinon pour le XXe siècle, du moins pour sa seconde moitié, après 1945, sont, à leur manière, trois expatriées ? J'ai nommé Yourcenar, Duras et Sarraute.

Certes, la terre-patrie dans l'œuvre féminine, dans la première moitié du siècle, est au centre même – par exemple – de l'œuvre de Colette, femme du *hic et nunc,* du temps d'ici, des racines célébrées dans l'éblouissement, parfois la jouissance délectable du présent. Et je songe aussi à la poétesse Marie Noël, pour qui écrire c'est peupler le rêve et un ailleurs entrevu... Au même moment, de grands écrivains comme Claudel, Gide, Montherlant, d'autres moins prestigieux écrivaient, de préférence, dans le voyage – le voyage littéraire, pour un peu, je dirais le voyage de « dilettantes » !

Mais, après le grand tournant de la Deuxième Guerre mondiale, avec ses charniers, ses camps de concentration et ses goulags, en littérature française, les œuvres féminines qui vont compter viennent d'une femme née en Cochinchine, d'une autre venue de Russie et d'une troisième, née flamande, qui choisira, elle, orgueilleusement, de s'expatrier, à l'ouest de cet Ouest pour édifier une œuvre romanesque, je dirais, androgyne...

Ainsi, pour Marguerite Duras, si nous mettons en parallèle son *Barrage contre le Pacifique,* avec, plus de trente ans après, le très court (et best-seller) *L'Amant,* comment ne pas voir, dans ces récits investissant le terrain autobiographique, en l'affrontant avec masques et détours, comment ne pas voir là, point de départ et point de retour – retour vers un lieu central, un point nodal, bref un secret –, oui, un retour à la terre de l'enfance quittée, à cette Indochine ancrage d'une mère elle-même déjà expatriée et marginale dans une société coloniale de petits Blancs ?

Il y aurait tant à dire sur ce réenracinement – à plus de soixante-dix ans, je parle cette fois de la romancière – vers ce qu'on a cru le lieu du désir interdit, et qui n'est d'abord que le lieu à la fois du premier rejet (de la mère n'aimant que son fils) et celui de la transgression (l'histoire amoureuse) entraînant le départ comme une malédiction !

En un sens, c'est parce que l'adolescente Duras s'est en quelque sorte sentie expulsée de cette Cochinchine natale, que les romans de toute sa vie sont peuplés d'errantes, de mendiantes ou de femmes expatriées du désir, dans la béance d'un couple amoureux, infiniment contemplé... *Le Ravissement de Lol V. Stein* se situe au milieu de ce trajet-là : loin, en amont, une certaine jeune fille Duras a été « ravie » – c'est-à-dire emportée loin, au sens de la mythologie, et non de la mystique, loin de ce paradis de la mère, de la terre tropicale, de l'Asie.

Quant à Nathalie Sarraute, c'est dans un texte, certes à part de son œuvre, l'évocation, à double voix, d'*Enfances* écrit à quatre-vingts ans, pour rappeler ses dix premières années, en début de siècle, entre Moscou et Paris, avec la Suisse en pause intermédiaire, entre père et mère, avec une jeune belle-mère comme parente/témoin, surtout entre français et russe – avec quelques mots allemands de la gouvernante entre les deux mondes.

Et si j'en viens, en dernier, à Yourcenar, ce n'est pas pour son écriture autobiographique, mais pour *L'Œuvre au noir.*

« La mort à Munster » (puisque, après tout, nous sommes à Munster !) est le septième chapitre de *L'Œuvre au noir* – sorte de longue nouvelle concentrée à l'intérieur même de l'histoire de Zénon. La mère de Zénon bâtard – lui qui va, quarante ans durant, circuler dans cette Europe effervescente du XVIe siècle, qui voyagera jusqu'à Alger, à Constantinople, et jusqu'en Perse –, sa mère donc, étrange figure parallèle, vais-je rappeler qu'elle vient à Munster pour y partager avec Simon son époux l'aventure anabaptiste et, finalement, y mourir tragiquement, à la chute de la ville ?

Cette « Mort à Munster », véritable bijou littéraire au cœur de cette œuvre dense et forte, nous pouvons aujourd'hui la lire comme un texte *sur* et *dans* l'expatriation ?

Le destin de Zénon, parti jeune de Bruges – la ville à la fois de Zénon et de la famille de Yourcenar, si soucieuse de sa généalogie –, le ramène, à la fin de sa cinquantaine, mais sous un faux nom, dans cette même ville pour y jouer obscurément, sincèrement, le rôle de médecin des pauvres. C'est là qu'il est pris, démasqué, arrêté, jugé et, pour finir, condamné à mort. C'est là, dans son lieu natal devenu sa prison, qu'il choisit un suicide à la Sénèque, en se vidant de son sang.

Brassant l'époque de la Renaissance pour faire recirculer les idées novatrices de toutes sortes, mais au milieu des bûchers, et parmi des inquisiteurs, des philosophes, des savants torturés et séquestrés, bref en évoquant tant de violences et d'iniquités, Yourcenar l'expatriée a choisi, quinze ans après *Mémoires d'Hadrien,* de repeupler par ombres et fantômes palpitants son lieu familial : Bruges, mais aussi toute l'Europe, de l'Espagne à la Pologne, y compris le proche et concurrent Orient...

Cette écriture de repeuplement, de revisitation, disons même de refructification des lieux de conflits, des chocs d'idées par la restitution d'un quotidien multiple, de corps vivants et désirants et par la quête ardente et intellectuelle de Zénon qui, après « la vie errante », choisit « la vie immobile », cette mise en fiction d'un passé proche, quatre siècles en arrière, passé mouvementé mais si semblable, dans ses flux et structures, à un XXe siècle sauvage et violent, c'est la réponse imaginative de la grande exilée flamande, qui vécut en rupture et si longtemps en solitude.

Dans son carnet de notes de *L'Œuvre au noir,* elle remarque : « *Il faut passer par l'histoire.* »

D'où son choix du roman historique qui en fait une émule de Thomas Mann et de Selma Lagerlöf.

8. Mais j'en viens à l'Algérie, et bien sûr à sa littérature.

Il m'a toujours semblé clair et évident que la littérature de mon pays – je le rappelle en conclusion de mon récit à paraître prochainement *Le Blanc de l'Algérie* – commence avec Apulée et ses *Métamorphoses* (son âne voyage dans tout le Moyen-Orient, la Grèce et l'Afrique du Nord), continue, et avec quelle hauteur, avec Tertullien et Augustin. Elle est également représentée par plusieurs poètes mystiques en langue arabe, dont l'émir Abdelkader au siècle dernier, par des satiristes et poètes de langue berbère, pour en venir, au XXe siècle, à Camus (celui de *L'Envers et l'Endroit,* de *Noces* et du *Premier Homme*), en même temps qu'à la génération de Kateb, Dib, Mammeri et Feraoun – puis évidemment à leurs fils spirituels, leurs héritiers...

Une telle amplitude dans l'appréhension des textes algériens permet d'inscrire la multiplicité des langues (latin, arabe, berbère et français) à la racine même de la culture algérienne.

Par ailleurs, la notion même de « nationalité littéraire » serait donc à rééclairer : est-ce que, durant vingt siècles, l'écrivain du nord de l'Afrique ne serait-il pas, de facto (lui désormais écrivant dans « le blanc » de sa terre en fusion), un métèque dans la cité ? Un étranger, plus encore dans l'étrangéité de sa condition que, par exemple, pour n'avoir pas pleuré à l'enterrement de sa mère ?

Ecrivain métèque, écrivain suspect ?... Etranger à ses

frères, ceux-ci devenant par aveuglement et trop aisément ses procureurs ?... Je laisse là la politique, à plus forte raison la polémique...

Comment situer dès lors la récente expérience, ces dernières années, d'une expatriation de tant d'hommes et de femmes pas seulement écrivains et journalistes, mais aussi enseignants, chercheurs, scientifiques ?

En particulier, pour les écrivains qui, depuis trente ans, ont choisi la fiction, la narration romanesque qui tente de rendre compte des contradictions, des richesses, des délires d'un réel fluctuant ? Oui, comment recevoir et vouloir restituer un premier reflet, avec sa quête de sens, devant la rupture interne présente, devant aussi l'expulsion et son malheur ? J'allais dire : et son risque immanent de stérilité...

En s'élargissant hors des limites de mon pays, ne se joue-t-il pas là, sur le terrain culturel (qui devient un concentré de tous les autres domaines, du social, de l'économique jusqu'à la dérive ou au dévoiement du religieux), oui, ne se met-il pas en place un enjeu plus grave : qui est l'échec, ou l'issue possible, de la décolonisation ?

Nous nous retrouvons entre Sud et Nord, comme si les dangers présents étaient engendrés du passé jamais tout à fait passé, dans cet entre-deux, cet « entre multiples miroirs » qui aboutit aux déformations illisibles, à la complexité, elle soudain explosant en source de violence nue, de haine hélas aussi...

Questions laissées béantes... Et l'écrivain, face à ce présent gueule ouverte, ne peut que prendre la mesure de sa vulnérabilité.

9. Je dirais qu'au moins, en ces années de difficiles transitions, de ce passage à gué dans l'obscurité et l'éphémère de

la fuite et du danger, une illusion est définitivement écartée. Trouée ; mise à mal.

L'écrivain maghrébin – comme dans tant d'autres pays du tiers monde – ne peut plus jouer son rôle de porte-parole, ou même de passeur.

Des voix du Nord – plus souvent, il est vrai, dans la zone trouble des « médias » – vous interpellent parfois : « Expliquez-nous vite la furia de vos furieux ! Peut-être par la liste ancienne de vos poètes maudits, de vos philosophes brûlés comme autrefois en Europe chrétienne, de vos femmes trop vivantes et décrétées, à cause de cela, “sorcières” ! Expliquez-nous, rappelez-le-nous ! Vite, tendez-nous vos clefs du passé, tandis que nous tentons, avec vous, de trouver sens à ce présent tumultueux, incontrôlable ! »

Ces sollicitations, des islamologues, des « orientalistes », des savants – hommes et femmes de cabinet – peuvent, il est vrai, tenter d'y répondre, de concert ou selon leur spécialité.

Mais l'écrivain, poète, romancier, fabulateur qui, chassé de chez lui, trouve refuge au Nord, ou tout au moins dans la langue-refuge, la langue du colonisateur d'hier, elle qui s'est avérée pour lui outil de création, qui lui a paru sa forge pour son travail, et désormais son plus sûr havre ?

Encore une fois, comment témoigner en écrivant ? Le terrain a glissé sous vos pas. Vous avez à comprendre – alors que vous auriez dû le savoir dès le début – que votre seul véritable territoire était bien la langue, et non la terre...

Ecrivain de langue française, vous avez cru soudain – et cela, trente-trois ans après l'indépendance qui apportait l'autonomie culturelle – que c'était soudain cette dénomination, d'ailleurs peu exacte de « francophonie » (car, quoi que vous écriviez, c'est justement le son d'origine, votre voix en somme restée arabe ou berbère à travers la trace de l'écrit français), que c'était ce choix de langue créative qui vous rendait suspect !...

Or le poète Youssef Sebti qui avait choisi de changer de langue, de redevenir poète arabe, enseignant arabophone, est mort, deux nuits après la nuit de Noël 1993, égorgé.

Aussi, disons-le fermement, dans un monde qui tend à s'installer comme Islam politique, être écrivain, être né pour l'écriture (c'est-à-dire, en somme, dans l'*ijtihad* exercer sa volonté de comprendre, d'interpréter, de rechercher dans l'effort et le mouvement de la pensée), être donc ainsi écrivain pour la trace, pour la vertu de la trace, c'est évidemment, depuis dix ans au moins, et pour cinquante ans encore, être voué à l'expatriation ; le plus vraisemblable avenir pour beaucoup sera d'écrire dans l'expatriation.

Depuis Salman Rushdie, l'Indo-Pakistanais de langue anglaise, à Nourredinne Farrah, le Somalien également anglophone, à Mohammed Kheir-Eddine, le Berbère de l'Atlas marocain, romancier de langue française, à Tahar Djaout tué à l'aube à moins de quarante ans, l'écrivain du Sud ne sera jamais plus porte-parole dans sa communauté, mais davantage le remords – vivant ou mort – d'un monde voguant sur l'océan des ténèbres.

L'absent et l'étranger

Quand il débarque la première fois en Algérie, Fromentin hésite entre peinture et écriture ; puis il séjourne dans un pays que vingt ans de guerre permanente viennent de ployer.

Fromentin arrive là d'abord par hasard, et y reste par volonté, hanté par un grand amour disparu. Mais ce n'est point ce bonheur immobilisé dans un visage de femme morte que sa peinture recherche, plutôt comme une netteté de la mélancolie.

Il vient, touriste élégant, aristocrate paisible et de bonne éducation, son goût d'enfance affirmé pour la chasse et les décors de campagne automnale. En Algérie, vingt-cinq années de corps à corps sanglants, de poursuites, s'achèvent à peine. Restent la Kabylie et l'extrême Sud, insoumis : Fromentin ne fera que les contourner.

La nature qu'il apprend ici à connaître, il y plonge, pour la peindre, avec ses personnages qui lui paraissent comme doublures à peine apaisées des ennemis terrifiants d'hier... Mais surtout ils ne sont pas encore les « indigènes » domestiques et pouilleux – domestiques, parce que pouilleux – de l'âge colonial qui suivra, tout de surdité.

C'est une sorte de prologue où la nature, paysages et bêtes, n'est point encore celle fertilisée et grasse des colons laborieux, leurs fellahs dépossédés, ahanant le nez dans la poussière. Une nature qui, malgré les chocs passés, a déroulé sa sérénité devant le peintre rêveur, nature vierge, dont Fromentin s'éprend, et, pour cela même, qu'il nous transmet.

Femmes et hommes, nos ancêtres, deviennent pour ce paysagiste amoureux du gris, ce dessinateur spécialiste de bestiaires, cet écrivain raffiné, comme des complices, quasiment fraternels !

Il faudra que tout un siècle s'écoule pour qu'un second homme, son émule, réanime une nature nouvelle, malgré miasmes et haines installées. Fromentin appelle son essai sur l'Algérie *Chronique de l'absent.* Camus, exactement cent ans plus tard, intitulera l'œuvre, qui d'un coup le rendra célèbre : *L'Etranger.*

L'un et l'autre, surgis du même seuil obscur et solaire, le premier dans l'après du massacre, le second dans les limbes du vide colonial, ils s'approchent, avec une égale discrétion, une retenue pareille, de la densité du cri solitaire, quand il traverse le désert de ce ciel... *« Un cri et des paysages »,* dirait le poète italien Ungaretti.

D'autres hommes d'écriture, dans l'intervalle, furent tentés de vivre quelquefois dans ces lieux, plutôt que de passer : André Gide, Montherlant, d'autres encore ; mais, sur les terrains vagues d'un peuple dépossédé de lui-même, ils se contentaient d'établir un camp provisoire pour leur individuelle liberté.

D'un bout à l'autre de ce siècle saigné et vidé de signes, ces deux Français, Eugène Fromentin et Albert Camus, me semblent l'exception.

Je suis tentée de les appeler pour ma part « frères », mes frères en langue en tout cas, tant leur approche me semble coalescence, non certes avec les tumultes noirs de notre passé plus ancien, mais avec l'éblouissement de la lumière renouvelée : l'un et l'autre, l'« absent » et l'« étranger ».

Derrière ces deux hommes, des ombres de femmes... Et d'abord la mère de Camus, silencieuse ; son mutisme, à l'orée même du génie de son fils, je le perçois aussi blanc, aussi lourd que le voile des femmes de ma famille. Parmi les personnages de ses fictions, une femme, une seule, se présente au premier plan, dans une courte nouvelle. Camus, héritier de quelle condamnation brandie sur cette terre, ou par quelle consanguinité de souffrance, l'appelle *La Femme adultère.*

Quant au peintre styliste, ses personnages d'Algériennes me hantent, surtout Haoua, reine de la ville, Blida, où je vécus en collégienne, un peu plus d'un siècle après.

Blida, février 1853 : Fromentin rencontre Haoua voilée dans la rue, il la suit dans le dédale du quartier arabe ; on lui donne rendez-vous le lendemain, à midi. Haoua, veuve d'un premier mari, divorcée d'un second qu'elle a quitté, amie d'une danseuse, Aïchoucha, vit en marginale, statut de « femme libre » qui n'est point celui de la prostituée.

Fromentin, au cours des visites qu'il lui fait, décrit son intérieur chatoyant, ses toilettes de citadine préférant la mode « impériale » de Constantine, sa voix qui « est une musique ; elle parle à peu près comme les oiseaux chantent »... Restituée comme l'un des modèles de Delacroix ressuscité, elle envahit de sa présence rêveuse tous les arrière-plans du récit, jusqu'à cette seule interrogation presque abrupte :

– Pourquoi m'as-tu quittée ? demande-t-elle à celui qui, de juin à août 1853, est allé jusqu'à Laghouat où Pelissier et Yusuf viennent de tuer des milliers de résistants pour prendre la ville.

– Pour te laisser faire ta sieste d'été, répond-il, de retour de ce Sud où la mort pourrit au soleil.

C'est la fin du mois d'août. Fin octobre, au cours d'une

superbe fantasia abondamment décrite, Haoua meurt sous nos yeux, tuée par l'un des cavaliers hadjouts, son second mari qui ne peut la reconquérir.

Forme réanimée, comme descendue du tableau chef-d'œuvre orientaliste, ou surgie de la réalité silencieuse, voici Haoua/Eve peu à peu muée en personnage de fiction, première héroïne d'une littérature francophone que mon pays inspirera à ses amoureux, autant qu'à ses natifs.

Eugène Fromentin, cet été 1853, au sortir de Laghouat que le massacre empuantit, emporte avec lui une main coupée d'Algérienne anonyme. Avec la visite de ce peintre devenu écrivain sur cette terre par trop irriguée de sang et qui prend des teintes d'aquarelle morose, finit, à mes yeux, la première guerre d'Algérie.

C'est si longtemps après que, me semble-t-il, je me saisis de cette main vivante, main de la mutilation, pour écrire cette mémoire du siècle passé ; et que cette « seconde main » se soumet à ma voix qui défaille...

Vingt-trois années de conquête, suivies d'une durée au moins égale d'insurrections et de rébellions permanentes, quoique dorénavant dispersées, fractionnées. Dans ce premier acte de l'occupation, je ne m'empare pas de la pioche du fossoyeur pour déterrer ou réenterrer ; je creuse plutôt la langue des vainqueurs, de ceux qui, quelquefois avec des hauts-le-cœur, présidaient à des tueries : leur langue classique sereine, quelquefois hautaine !

A peine si elle frémit de fièvre, à peine si le plus cynique des guerriers gémit : « J'ai mal à l'Afrique ! » La langue de Descartes, sur fond rougeoyant des villes prises, des *dechras* incendiées, se figerait plutôt, se purifierait même ; elle se pare d'un éclat éburnéen.

Fromentin et Camus, décidément, ils sont frères l'un à l'autre aussi, mais à un siècle de distance, fils-amants de ce même soleil qui darde.

L'un y est venu par l'image et ses dessins, mieux que des esquisses, deviennent éclairs d'un œil amoureux. L'autre aurait pu être acteur dans un théâtre ouvert à l'azur, dans des arènes où des spectatrices berbères, en robes fleuries, auraient ululé au spectacle de la tragédie.

Tous deux ont choisi d'écrire, par un renoncement de l'envol, du corps ou du regard... L'un parallèlement à sa peinture, tout au moins tant qu'il a marché, voyagé, erré du nord au sud dans les *dechras* et les douars, et les médinas de mon pays. A Blida, « ville des roses », si une femme l'a aimé, il n'en dévoile pas le secret, il nous montre seulement la liturgie de sa mort à elle – et du dérisoire... Lui seul, sans doute, s'est infiltré à la fois dans la communication orale et dans la lumière ruisselante d'ici, sans pour autant procéder à la volte-face coutumière de ceux qui, au même moment, se transforment en agents de renseignement, de diplomatie de commerce ou d'armée...

Fromentin n'est pas « interprète » ; il ne prétend même pas à l'échange ; il ne monnaye rien. L'amour comme épuisé, il repart.

L'autre, Albert Camus, né à Belcourt, dans une pauvreté qui le griffe de tuberculose, d'une mère espagnole ; puis, comme tous ceux de ma race, orphelin très tôt de père, il s'est aveuglé de soleil. Il y épuise sa jeunesse, en garde l'insolence et la lucidité sombre, pour partir à son tour définitivement au nord.

J'ai mis du temps pour reconnaître les personnages de ces deux grands écrivains, leurs ombres sœurs. Point par paresse. Toute prise de connaissance nécessite son délai obligé de mise en place.

Fichée si longtemps derrière les fenêtres à barreaux de la demeure ancestrale, il m'a fallu le temps de porter mon regard au-delà de la ruelle et de la médina, jusqu'aux places, jusqu'aux plages où l'autre société coloniale évoluait, vidée de nos hommes qu'elle avait exclus, tandis que nous, les femmes, les hommes nous excluaient à leur tour, ce qui nous enfermait tous davantage. Prisons dans l'immense prison.

Ma relation à Camus s'est trouvée ainsi ankylosée ; l'aurais-je analysée en dissertation de cette première supérieure que j'ai suivie quelque vingt-cinq années après lui, au même lycée, probablement au même étage et dans la même salle.

Il m'a fallu tout un temps d'écriture depuis, pour quasiment « recréer » aujourd'hui, dans notre paysage commun, les personnages de Camus.

Reculer, retourner au harem, et dans ce lieu de réclusion qui m'ancre à la fois dans la fierté dédaigneuse et dans le silence de l'histoire collective, j'ai vu, je vois les mots de Camus devenir chair calcinée par ce même soleil. Me réunit à eux, sorte de fêlure invisible, le lien qui sans doute a réussi à me guider dans mon labyrinthe et à le retrouver au carrefour des limbes – je veux dire la langue française, cette sonorité conquérante de quarante mille soldats entrant le 5 juillet 1830, au matin, dans une ville ouverte et emplissant les autres cités prises dans le sang et le massacre, de leurs grognements de meurtre, la langue des assassins de mes grands-oncles tandis que Saint-Arnaud s'extasie sur les vergers qui brûlent, la langue des geôliers de l'île Sainte-Marguerite (où plus de soixante-dix prisonniers de guerre, avec femmes et enfants – eux, ces premiers expatriés, de ma tribu maternelle –, ont tant bien que mal protégé leur intimité, cuit leur semoule, enterré leurs morts), oui, la langue des nouveaux installés sur nos terres séquestrées...

Le silence des vaincus, voici qu'il fourmille, qu'il pullule en mots français, et ce sont précisément eux qui me propulsent hors du harem.

Les cris devenus des mots, même des mots d'ailleurs, j'ai cru pouvoir les saisir, comme oiseaux après les corbeaux du charnier, après la hargne sinistre des chacals qui déchiquettent, des mots tourterelles.

C'est ainsi qu'un amour innommé se cherche dans des laves solidifiées, à travers les âges successifs d'arasement vocal.

Et cette lumière dont Fromentin, puis Camus inondèrent leurs pages, bien des siècles auparavant, leur devancier illustre, Augustin l'Africain, ne peut, malgré son désir d'ascèse chrétienne, y échapper :

« *La reine mère des couleurs, cette lumière qui imprègne tout ce que nous voyons, où que je sois le jour durant, me caresse de touches ondoyantes, quand même je m'occupe d'autre chose, quand même je ne la remarque pas. Elle pénètre d'ailleurs si fort que, tout à coup soustraite, on la désire, on la réclame et que, si l'absence dure, on en a l'âme toute triste...* »

Ardeur d'Augustin pour sa terre natale – la mienne, aussi –, cette sensualité, qu'il ne peut étouffer, ravive ma blessure qui tire le sang : cette lumière « tout à coup soustraite » après lui, à des générations de femmes parquées, cantonnées, de plus en plus resserrées dans des ténèbres en plein jour, au nom de quelle tradition pourrie l'expliquer ?

L'exclusion des femmes, leur mise à l'ombre est perçue trop souvent comme une simple séparation, un isolement provisoire et violent. Or, notre histoire s'est étirée dans un lent dépècement des regards, entraînant une énucléation irrémédiable du désir.

Camus, « Le Premier Homme », le dernier livre

1. *« Moi, étrangère à l'Etranger »*, ainsi présenterai-je ma lecture américaine du dernier Camus – je viens pour en parler loin, si loin d'une terre natale commune, d'une terre d'écriture.

Cette double étrangéité, ou plutôt cette étrangéité redoublée entraîne en moi (est-ce une intuition à vérifier ?) comme un mouvement de courbe en avant, une curiosité neuve vis-à-vis de ce texte autour duquel l'espace le plus large, à tous vents, se creuse... Camus, jeune, écrivait *Le Vent à Djemila,* je pourrais dire, moi, trente-cinq ans après sa mort, « le vent à San Francisco » pour ouvrir les pages de son dernier livre, pour les laisser béer... Et je souris à celui qui, dans une des notes accompagnant le texte inachevé, remarquait à propos de son double :

« Ce qu'ils n'aimaient pas en lui, c'était l'Algérien. »

Justement, je souris à cet Algérien-là, moi qu'on accueille de si loin et dans une université prestigieuse parce qu'écrivain, parce que femme et parce qu'algérienne : je note à mon tour, en contrepoint à Camus, « ce qu'ils reconnaissent en moi, c'est l'Algérienne ». « Ce qu'ils reconnaissent » ? Rectifions : « Ce qu'ils espèrent de moi, c'est l'Algérie-femme. »

« Etrangère à l'Etranger », ai-je commencé car il y a d'abord ma propre surprise de mon choix – plutôt qu'avec un texte de femme, pour inaugurer ma présence ici, ou plutôt qu'en présentant un roman d'un Maghrébin ou d'un Africain francophone du Sud-Sahara : ma surprise donc de ma curiosité camusienne tard éveillée, élan soudain d'aller voir par-derrière, là-bas, d'approcher par-derrière l'entité, ou l'identité Algérie, au terme d'un éloignement, au bout d'une ligne de fuite comme si la possibilité de ma rencontre avec Camus ne pouvait se faire que le plus loin possible de l'Algérie, au-delà même de l'horizon !...

C'est le moment de constater que j'ai passé plus de trente années de ma vie d'écrivain hors territoire camusien. J'ai dit « ligne de fuite », peut-être d'indifférence, plus exactement de neutralité.

Y aura-t-il enfin rencontre ? Peut-être pas vraiment encore, mais il n'y aura plus cet évitement, en tout cas. Confrontation ? Pourquoi pas – il est vrai que je ne me « confronte » que depuis peu à des auteurs français vivants, que jusque-là mes ombres familières, Nerval, Baudelaire et Stendhal, sont d'avant, sont d'ailleurs – mais jamais d'en face...

Rencontre cette fois à esquisser, qui deviendrait simple face-à-face : chacun venant de son côté, l'homme, le « pied-noir », l'enfant de Belcourt (avant tout le « premier homme » s'avançant à la fois fictionnel et réel), moi, la femme arabe, sans voile, issue de Césarée si proche de Tipasa, mais surgissant malaisément, en ce début de l'année 1995, d'une écriture autobiographique – par là même risquant d'être gonflée d'un imaginaire superflu ! Face-à-face donc sur un carrefour, une place de marché, n'importe quel lieu public d'un faubourg d'Alger – Alger à la fois d'hier et de maintenant – et j'en rendrai compte dans une vision dédoublée : tout cela, faut-il le dire enfin, à cause d'un inachèvement !

M'attarder sur la non-rencontre du passé : ainsi, à Tipasa,

au milieu des années soixante-dix, je résidais. J'y travaillais dans l'ivresse d'une quête visuelle et sonore, dans un quotidien peuplé d'ombres du siècle passé ; ce fut mon année 1976 ! Or, vingt-quatre ans auparavant, Camus, lors de son *Retour à Tipasa,* y retrouvait, sans doute pour la dernière fois, le cadre d'un paradis perdu...

Ainsi, j'évoque cette longue distance en années, mais aussi ma lenteur, quelquefois ma réticence à relire les récits – plus particulièrement essais philosophiques et dialogues de théâtre de Camus, mon presque compatriote ou moitié compatriote par la terre et l'espace d'enfance, plutôt que par l'histoire...

Non-rencontre, que je rappelle, ou que je cerne, et c'est pourtant à ce possible de la rencontre – trente-cinq ans plus tard, le temps qu'a mis *Le Premier Homme* à être livré au public – que je m'applique aujourd'hui à frayer le chemin.

Moi devant ce livre ultime, tournant autour, le sondant, le traversant, l'encerclant et à la fois m'y enfonçant, jusqu'à son cœur, par de multiples et instinctives approches, je voudrais devant vous, face et contre et à travers ces cent quarante-quatre pages de la sacoche traînant dans la poussière, sur la route de l'accident, ce 4 janvier 1960, près du corps sans vie de Camus, je voudrais – comme je voudrais ! – trouver un chemin droit qui pointe vers l'auteur, lui, homme vivant.

2. Peut-être devrais-je remarquer que, dans l'inachèvement, travaille ou joue une répétition, une sorte d'écho, dans l'avant ou dans l'après...

Dans le cas de Camus, il y a eu, au début de sa carrière, un roman abandonné, *La Mort heureuse,* juste avant qu'il ne se lance, à Oran, dans *L'Etranger,* mais aussi juste avant cet essai achevé et publié : *Noces.*

A ces trois moments, d'un roman inachevé, d'un essai publié et d'un court récit qui, d'un coup, un peu plus tard, va lancer le jeune homme dans la célébrité littéraire, Albert Camus vit encore en Algérie... *« Ce qu'ils n'aimaient pas en lui, c'était l'Algérien »*, dira-t-il bien plus tard : c'est déjà là – un signe, sa marque.

Un chapitre de *La Mort heureuse* abandonné trouvera place dans la première partie de *L'Etranger.* Comme si cette réussite magistrale et précoce avait eu besoin de s'ancrer dans un texte à l'ombre... *La Mort heureuse,* roman suspendu (jusqu'à sa publication posthume) ; disons plutôt roman qui sourd encore...

(J'ouvre la parenthèse pour renvoyer, à peine plus d'un siècle en arrière, au grand Stendhal qui, en 1848, ne termine pas *Lucien Leuwen,* pour se jeter peu après dans *La Chartreuse...* Certes, *Lucien Leuwen,* même inachevé, brûle de mille feux romanesques, vit, existe dans notre imaginaire et la perfection de *La Chartreuse de Parme* n'a rien enlevé à l'œuvre abandonnée qui l'a immédiatement précédée...)

Décidément il y a deux sortes d'inachèvement en littérature (comme sans doute en musique et dans les arts plastiques) : celui de l'insatisfaction trop vive, muée en soudaine lassitude, de l'auteur poussé alors à l'abandon volontaire... C'est fini, l'élan tombé c'est le désamour, l'auteur se détourne, veut oublier, oublie le texte quitté (même si *Lucien Leuwen,* lui, persiste à briller, à brûler) ; serait-ce que l'œuvre porte alors en elle, dès le commencement, une sorte de taie, une condamnation ?

Un roman inachevé – dans le cas de Camus, *La Mort heureuse* – n'est certes point un fœtus à jeter, à enterrer... L'œuvre – en art ou en écriture –, même non terminée, étincelle parfois devant nous comme à la recherche de son tout : émouvante lueur !

La forme adéquate subsiste, palpable quelquefois ; ces éclats peuvent nous nourrir plus chaleureusement que bien des œuvres mineures, ou froides, qui affichent le mot « fin ».

Il arrive que l'auteur porte en lui l'œuvre négligée sans raison, toute sa vie. Elle est sa force d'appel : le géniteur pourrait, tel un amant, lui revenir. Mutilée, elle attend, dans l'espoir de ce retour, une renaissance.

Dans l'inachèvement du *Premier Homme,* se joue autre chose du fait de la mort impromptue ; ce texte parle autant de Camus que de l'absence de celui-ci... Il porte en lui l'adieu irrémédiable autant que son propre éclat. Illuminé du tranchant de la rupture, il s'enveloppe, avec une secrète retenue, d'inconsolable et de son infinie poussière :

« Avec celui que nous aimons, nous avons cessé de parler, et ce n'est pas le silence... Le voici à notre hauteur, puis loin, devant. »

C'est René Char qui évoque son ami, dans les jours qui suivent l'accident mortel...

Point ici, non plus, de l'inachèvement d'un dernier texte sur lequel l'auteur, épuisé par le grand âge ou par les tourments d'une maladie, nous aurait laissés ; il y aurait imprimé, malgré lui et indépendamment quelquefois du propos, sa mélancolie. De telles œuvres, venant en dernier et inachevées, s'enveloppent, malgré elles, du linceul de l'œuvre entière. Un tel dernier livre, même ébréché, serait, avant tout, « dernier » : exprimant le tout de l'œuvre, le flux de son passé, et cela malgré la fin amputée.

Ici, au contraire, comme dans les morts non annoncées, semblent se ficher, dans le creux des mots, ou dans les éclats de structure inaboutie, la hache du destin, et l'ombre de son coup. Un tel roman (il s'agit chez Camus de recréation où la sève autobiographique est ouvertement affichée, mais roman tout de même) porte inscrit en lui le vent de la vitesse, profil perdu saisi dans une tempête rapide, ou lors d'un bref orage.

Plus le texte s'éclaire, plus nous nous attristons, comme si ces pages portaient concrètement l'empreinte du pas du destin, venu faucher parole et signes, presque sous nos yeux... Ce roman nous livre-t-il, de la mort, l'ombre de sa face ? Non pas ce deuil, plutôt l'insaisissable du passage. Livre que le destin a interrompu, qui garde en lui et malgré lui un élan vers l'inconnu, une impétuosité.

3. Maurice Blanchot, après la mort de Camus, remarque :

« Camus a souvent éprouvé une sorte de malaise, parfois de l'impatience, à se voir immobilisé par ses livres ; non seulement à cause de l'éclat de leur succès, mais par ce caractère d'achèvement qu'il travaillait à leur donner... »

Or, dans *Le Premier Homme,* Camus nous apparaît dans son naturel, c'est-à-dire dans sa hâte et son angoisse devinées. Il vient de quitter sa maison de Lourmarin où, les dernières semaines, il s'était plongé dans l'isolement et l'effervescence de la dernière écriture (sa remontée à la première source, comme il l'espérait déjà et l'annonçait dans la préface de *L'Envers et l'Endroit,* en 1958). Le lendemain, sur une route lointaine de campagne, il s'est couché sur la terre, dans l'embardée de la voiture de son éditeur et ami. Ainsi, en ces premiers jours de 1960, Camus a couru, d'un unique mouvement, dans son texte et vers sa mort.

Dans ce texte ultime, il s'agit pour nous de retrouver a posteriori, autant que la course du visage et du corps, à la seconde même où Camus se précipite vers le noir, vers le soleil, vers l'au-delà, ce qui mugissait en lui, ce qui sourdait, ce qu'il étouffait tout au long de ces deux ou trois ans d'écriture (surtout dans l'après-Nobel), mais aussi l'aboutissement de vingt ans de recherche, vingt ans d'une tension continuelle, « ce travail d'achèvement » dont parle Blanchot et que Camus désire déposer, pour s'en arracher, mais comment ?

Quelque chose, ces dernières années, ces derniers mois,

cherche à crever en lui, un trop-plein venu de loin – et il le sait, une difficile seconde naissance, et qui, parce que seconde, et qui, bien que difficile, l'entraîne de plus en plus en avant. Oui, la mort est une hache, et elle a laissé l'ombre de sa faux, de son coup, de son lent fléchissement vers la terre – dans le texte même. Oui, il y a dans ce roman à la fois l'œuvre accomplie, et comme un lent et informe surgissement, bouton de rose qui imperceptiblement s'entrouvre, malgré l'absence qui vacille, et le reflet d'une blessure ouverte – à la moindre correction, au blanc d'un mot illisible, à la contradiction d'un prénom ayant changé sans raison, le texte nous présente son flanc. Dans son grain, se perçoit une hésitation de la lumière en même temps que son trop-plein...

Au cours de ces pages de notes qui accompagnent le texte de cent quarante-quatre pages, une ligne nous surprend : prémonition de Camus qui rêve, qui se voit auteur et... quoi d'autre, lecteur ? En tout cas, il écrit : *« Le livre doit être inachevé. »*

S'agit-il d'une prémonition, ce « doit » souligné étrangement ? Mais non, c'est l'artisan de mots et de structures romanesques qui note : il a relevé une « astuce » formelle. Car, après cet « inachevé », il ajoute : *« Ex : "et sur le bateau qui le ramenait en France..." »*

Seul épisode de bateau, dans ces pages écrites : lorsque le narrateur, à quarante ans, revient à Alger, vers sa mère qu'il interrogera en vain sur le père, après sa méditation au cimetière de Saint-Brieuc. Plus loin, quand il poursuit cette enquête jusqu'à aller à Mondovi, à l'est du pays (il y trouvera la nouvelle guerre, celle de l'insurrection nationaliste), il rentrera en avion : ainsi, il n'y aura pas de retour « sur le bateau qui le ramenait en France » avec cette forme d'apparent inachèvement.

« Le livre doit être inachevé », a-t-il donc écrit presque par distraction, ou par coquetterie d'auteur. Il ne croyait pas si

bien dire... « *Inachevé* » : c'est-à-dire en chantier, poutres et solives encore apparentes, certaines parties à peine esquissées, ou seulement plantées, heureusement, une grande part (la majeure, nous ne le saurons jamais) exhibe sa réussite incontestable, son éclat.

Je m'interroge, au terme de cette introduction : un nouveau Camus ? Certes un « premier Camus », entrevu autrefois dans ses textes de jeunesse, nous revient dans ce *Premier Homme,* avec la maîtrise et la souffrance à peine comprimée, et les luttes intérieures de la quarantaine. Mais l'inachèvement de ce roman – dont Camus mentionne déjà le titre en 1954, auquel il fait allusion au moment du Nobel, avec la réticence de n'en rien dire encore – nous en apprend autant sur l'homme des dernières années que sur le nouvel écrivain qu'il est en train de devenir ; 1959-1960 : *Le Premier Homme* ou la Métamorphose.

4. Camus semble avoir affiché une certitude, dès le début : *Le Premier Homme* sera un roman ; parfois il ajoute : *« un roman d'éducation »* et, comme pour s'excuser (cela, moins d'un mois avant sa mort, quand il prend la parole devant des étudiants d'Aix), il précise : *« roman de forme traditionnelle ».*

Pour s'excuser ? Plutôt pour se mesurer aux grands classiques : il a évoqué, dès la naissance de son projet, Tolstoï *(Guerre et Paix)* à cause de l'âge (le sien maintenant) où ce chef-d'œuvre est conçu ; surtout il est habité par Dostoïevski qu'il a adapté si souvent pour la scène...

Son projet autobiographique (sa vie jusqu'à quarante ans, les siens, sa généalogie et, enveloppant tout cela d'un manteau puissant, la terre Algérie) lui paraît digne de ces grands devanciers... Ambition donc, qui est à la recherche du second souffle, le plus profond, celui, songe-t-il, qui va le revigorer...

Dès 1954, et surtout après 1957, le chemin qui l'amène peu à peu vers ce livre – après la réussite de *La Chute* ainsi que l'aboutissement des six nouvelles sur l'exil –, le chemin s'épure, se trace, sûr, profond : il s'installe à Lourmarin pour, dans cette solitude ensoleillée (et dans les pas de son maître Jean Grenier avec lequel il correspond jusqu'aux derniers jours), y transplanter ses nouvelles racines : comment ne pas, seul et parfois voulant se fuir dans d'autres rêves de théâtre, entreprendre enfin le roman de l'histoire familiale, de la saga communautaire et, grâce à ce ressourcement, opérer ce méditatif retour sur soi, sur le royaume de l'enfance, dans un flux qui rejaillit ?

Me faut-il constater enfin l'évidence : *Le Premier Homme,* ainsi inachevé ou s'il avait été achevé, est le premier roman d'un nouvel écrivain de quarante-six ans appelé Camus.

Les nuits de Strasbourg

1. *Allées et venues.* J'ai passé presque la moitié de ma vie entre Alger et Paris, entre la France et l'Algérie... Mais j'ai tout ce temps, le plus souvent, écrit « sur » l'Algérie : de près ou de loin ; sur celle d'aujourd'hui ou sur celle de mon enfance, ou sur celle de mes ancêtres...

Puis, un jour, brusquement (ou lentement, sur un ou deux ans), je compris que mon écriture désirait, tendait vers *l'ailleurs :* elle se trouvait de facto déterritorialisée.

Sans lieu natal, sans besoin de l'origine : cela faisait vingt ans au moins que j'avais plaisir à marcher, à me sentir bien – quelquefois, vraiment comme chez moi – à Barcelone, à Venise, à Fribourg-en-Brisgau, ou dans la première ville du nord de l'Europe où j'arrivais, que je découvrais : en été, bien sûr, avec le soleil, pas avec la neige et un grand froid...

Voilà comment commença pour moi l'aventure – car c'est une aventure – de situer mes fictions romanesques en Europe. Moi, pourtant, l'étrangère en Europe.

2. *La fiction.* La fiction comme moyen de « penser », un lieu, un territoire, un continent : ce n'est pas, vous vous en doutez, écrire une pure « fantaisie », j'allais dire une *fantasia.*

C'est plutôt retrouver, grâce à une construction imaginaire

(que ce soit une intrigue, des situations entrecroisées, des dialogues hasardeux ou banals), grâce à une *fiction* donc, c'est habiter, peupler ou repeupler un lieu, une ville, à partir à la fois des *fantômes* de ce lieu, mais aussi de vos propres obsessions... Celles-ci remontent malgré vous, justement parce que vous vous sentez alors vraiment étrangère en liberté !

Finalement, qu'un homme ou qu'une femme du Sud, en arrivant en Europe, écrive une fiction européenne, c'est une sorte d'« exotisme » à l'envers... Non ?

Le contraire, ou le pendant de l'évasion « orientaliste » pour un Européen, ce serait, pour nous, pour moi, une tentation *occidentaliste :* pourquoi pas ?

3. *« Les nuits de Strasbourg », roman.* Dans ce roman, je crois que j'ai, à ma manière, *repensé* (et peut-être, pour faire un jeu de mots français facile où « penser » peut être aussi « panser », tenter d'adoucir des blessures), oui, j'ai repensé, à partir des blessures du passé, une ville comme Strasbourg : ville-frontière, ville autrefois dite « libre », et ayant oscillé tant de fois entre autorité française, puis allemande, puis française, « la ville des routes », d'après son étymologie.

Ville des passages, des passages de langue aussi, ville habitée par tant d'écrivains, allemands depuis Goethe en passant par Büchner, puis, dans notre siècle, par Elias Canetti, et célébrée tout autant par tant de romantiques français, les plus grands d'ailleurs, de Nerval à Victor Hugo...

Ville des mystiques, le dernier y naît vers 1850, la quitte pour Paris quand, en 1871, elle devient allemande. Il s'appelle Charles de Foucauld : il finira sa vie dans le Sahara algérien, en méditation et prière, mais en rédigeant aussi la première grammaire de berbère touareg. Et, vous le savez, il mourra assassiné.

Ces quelques évocations, non pour parler seulement de

Strasbourg, mais pour dire qu'une fiction, dans Strasbourg, pour moi, ne peut être un jeu de hasard, mais de *nécessité.*

4. *Pourquoi, pour moi, écrire à (et sur) Strasbourg ?* Quelle nécessité, justement, pour moi, que cette fiction ?

Certes, j'ai résidé en 1993 trois mois à Strasbourg... J'ai rencontré, dans certains quartiers de la périphérie, des émigrés maghrébins, africains, des jeunes et de moins jeunes, des « pieds-noirs », également un grand arabisant (qui avait commencé à apprendre l'arabe en Algérie), mais aussi, dans des rencontres de hasard ainsi que d'amitié, j'ai été confrontée à tout un passé de la ville.

Pourtant le « déclic » de ma fiction est parti presque d'une conversation accidentelle – déclenchée, il est vrai, par une de mes questions rythmant quelque peu mes habituelles obsessions. Voulant savoir quel jour exactement la langue allemande était revenue en 39-40 à travers les soldats entrant dans la ville, j'apprends, étonnée, que Strasbourg, les 2, 3 et 4 septembre 1939, a été entièrement vidée de ses cent cinquante mille habitants.

Cette ville vide (sauf, il est vrai, pour les casernes pleines de soldats) est restée ainsi jusqu'à la mi-juin 1940, au moment de l'entrée des troupes allemandes : soit largement plus de dix mois !

(Une parenthèse, pour souligner que la plupart des Français non alsaciens ou lorrains ignorent en général cet épisode, car il est rarement rapporté dans les manuels scolaires, pour la période contemporaine... J'ai eu l'occasion, ces dernières années, de vérifier cette ignorance auprès de nombre de Français moyens.)

Pour ma part, c'est ce vide qui m'a fascinée. C'est grâce à ce vide que j'ai pu faire vivre, à Strasbourg, mes personnages imaginaires : c'est-à-dire au moins deux couples principaux (plus deux autres couples secondaires, ceux-ci inspirés de faits divers et de récits de vie). Ceux-là sont décrits... au cours de leurs nuits d'amour.

Ecrire dès lors une fiction a consisté pour moi à peupler ce vide : certes, j'ai commencé par décrire – par restituer –, le plus exactement possible, avec précision et détails concrets, le vide de la ville, durant l'hiver de 39-40 (les rues livrées aux chiens, aux chats, aux rats et...), puis – c'est la liberté du romancier –, après une quarantaine de pages de ce prélude, je suis passée, cinquante ans après, en 1989. J'y installe alors mes deux couples imaginaires, qui sont, chacun d'entre eux, au terme d'un trajet personnel.

Une jeune Algérienne de trente ans, fait à Strasbourg un diplôme d'histoire de l'art sur le manuscrit perdu de l'abbesse Herrade du XIIe siècle, mais passe aussi neuf nuits avec un amant français de vingt-cinq ans plus âgé qu'elle...

Une amie, juive originaire de Tebessa, est installée depuis peu à Strasbourg, par amour pour un jeune Allemand qui vient, chaque semaine, d'Heidelberg.

Le vide à Strasbourg est annoncé par l'exergue choisi chez la poétesse iranienne : Forough Farroukhzad : *« Tu devins vide de l'écho de la céramique bleue. »*

Pourquoi cette hantise du vide ? En moi, peut-être parce que je me sentirais, en quelque sorte, « les racines dehors » ?...

Mais les villes vides en Europe, dans un passé récent, c'est évidemment le préambule de la guerre, la fuite en masse, l'exode : tout ce que l'on s'applique à taire ensuite... Le présent de certains coins de Bosnie aujourd'hui, de tant de pays d'Afrique...

5. *En somme, le vide de 1939,* je le remplis avec des histoires d'amour en 1989, cinquante ans après...

Car mon thème principal, traité en fiction, est quelle langue accompagne, suit, enveloppe les êtres, pendant l'amour : dialogues ou monologues, ou soliloques, mots échappés, aveux d'abandon pendant les instants d'intimité ; la mémoire aussi cherche ses mots, plonge dans un lointain souvenir d'enfance, même cinquante ans après...

Dans la chambre d'amour, soudain, sans qu'on s'y attende, l'espace ancien de la ville renaît, revient, se réfléchit, chez l'un des partenaires, ainsi par exemple ici, chez François qui, à cinq ans, avait passé la nuit de Noël, avec sa mère, dans la cathédrale de Strasbourg !... Lui qui voulait tout oublier de ses angoisses d'enfance.

Autre situation bien précise, dans mon schéma opératoire de la fiction : les deux couples sont dans des langues avec histoires collectives opposées, marquées par des traces de conflits qui, malgré eux, peuvent se réveiller dans l'amour.

Comment la parole – et, avec elle, la mémoire obscure, engourdie – vient quelquefois bloquer, s'interposer, au lieu d'accompagner ou de rendre plus présentes les caresses : par exemple entre l'Algérienne – fille d'un père tué au maquis – et l'amant français qui aurait pu, à vingt ans, faire la « guerre d'Algérie », ou entre Eve, la juive maghrébine qui, bien que sachant l'allemand, ne le parle jamais avec Hans qui, lui, pourtant, apprend à la fois le français et l'arabe marocain des voisins...

Vous le devinez, j'ai écrit ce roman en 1997, en Louisiane, alors que, si loin, j'avais connaissance des massacres de villageois dans mon pays : après deux livres sur la mort (*Le Blanc de l'Algérie* et les nouvelles *Oran, langue morte*), ma seule réaction à l'actualité sanglante était d'écrire de plus longues pages encore sur les neuf nuits d'amour imaginées à Strasbourg !

Mon imagination, disons-le maintenant, était, en quelque sorte, pure thérapie !...

6. *Comment penser une ville d'Europe,* tout en gardant mémoire de son pays ?

Pour moi, écrire *en* et *sur* l'Europe, c'est entrecroiser des mémoires : des gens sur place avec moi – ou tel ou tel autre étranger, venant de loin et ne pouvant oublier son origine...

Avant de terminer l'évocation de mon dernier roman, je dirai donc qu'en dehors des nuits rêvées à Strasbourg, grâce à tout un réseau de personnages qui forment l'arrière-plan du livre, ainsi qu'une évocation historique des poètes allemands illustres, toujours présents pour moi, à Strasbourg, grâce à ces deux éléments, *le tissu* du roman est bien surgi de la réalité que j'y ai rencontrée ou cherchée...

En un sens, ce roman devient à la fois *un documentaire* sur les émigrés et sur les poètes allemands qui me sont familiers, à Strasbourg.

Ainsi, la troupe de jeunes Maghrébins, qui, aidés par Jacqueline, monte *Antigone* de Sophocle : les épisodes multiples et, vers la fin, tragiques, de ce spectacle en cours sont directement inspirés de la vie réelle d'un quartier... De même, d'avoir appris que, peu auparavant, de jeunes Maghrébins avaient préparé, en amateurs, une pièce jouée en alsacien, m'a remplie d'étonnement admiratif... et critique : car ils peignaient avec humour, et comique quelquefois, les artisans et commerçants de leur quartier. Aucun succès naturellement auprès de la presse : on demande généralement aux supposés « Beurs » une peinture de leurs malheurs à eux ; on les imagine mal regardant, eux, les Autres !...

Par ailleurs, mon héroïne Thelja, la jeune Algérienne, est venue en Alsace pour faire revivre l'abbesse Herrade, mais elle y retrouve, en ombre si proche, le très jeune Büchner qui, en émigré sans papiers, fuit l'oppression de chez lui, écrit un chef-d'œuvre littéraire, se livre à des expériences scientifiques avant d'aller mourir, si jeune encore, à Zurich !... Thelja, qui finalement va disparaître sans laisser de traces dans la ville, est véritablement hantée par l'ombre du grand poète !

7. *Conclusion.* Je terminerai sur une citation : la seule évocation véritable de Paris, pour l'héroïne qui y vit toute cette année, est la phrase inscrite sur une façade d'un hôtel particulier, dans l'île Saint-Louis.

C'est en effet là qu'habita Camille Claudel de 1899 à 1913, elle, la sculpteuse géniale, amante malheureuse de Rodin qui fut internée ensuite. Sont inscrits là dans la pierre ces mots d'une de ses lettres à Rodin :

« Il y a toujours quelque chose d'absent qui me tourmente. »

C'est, dans mon roman, le dernier signe échangé entre Thelja et François, son amant de Strasbourg...

« Penser l'Europe » pour des écrivains étrangers de passage – en exil, en émigration ou simplement en position de refuge –, « écrire sur l'Europe » pour les métèques de l'Europe, c'est finalement évoquer, à notre tour, « ces absents, ou ce quelque chose d'absent, qui nous, qui vous tourmente ! »... chez vous... chez nous !

Un simple entrecroisement de mémoires quelquefois trop lourdes.

VII

« Chemins d'encre, chemins de sang »

Nous sommes restés assis sur la margelle du puits abandonné. Tout avait couleur de ferraille et de poutre enfumée et couleur de fatigue profonde.

Henri MICHAUX,
Epreuves, exorcismes.

Tout doit-il disparaître ?

1. Je regardais, un matin, sur une vitrine de boutique, l'inscription en majuscules : « Tout doit disparaître. » C'était le slogan inscrit pour annoncer une liquidation commerciale.

J'ai saisi au vol la formule, et tant d'idées fiévreuses sur ce sillage m'ont assaillie... Comme toujours, vivant à Paris depuis une dizaine d'années, c'est dans l'Algérie d'aujourd'hui que mon esprit se débat, que mes rêves et ma nostalgie mêlés retournent, et fermentent, et s'aiguisent...

« Tout doit-il disparaître dans l'Algérie actuelle ? » me suis-je interrogée, pleine d'angoisse : c'est certes bien une formule pour un risque de prochaine liquidation. Le risque de disparition, son immanence, et presque, pour certains, sa nécessité (« tout doit... »), cela concernait, évidemment pour moi, la culture algérienne, plus précisément sa littérature.

Celle-ci, en somme son âme, est un écrit multilingue (français, arabe et berbère) qui, ici sans doute plus qu'ailleurs, flotte et s'abreuve à l'effervescence orale – parole faite d'humour et de désespoir, de gaieté rageuse trouant par éclairs des nappes lentes de mélancolie et d'un mal de vivre ancestral : ce que traduit la musique algérienne, frémissant sur ses modes traditionnels, mais aussi dans ses nouvelles formes métissées, tel que l'exprime le raï, lui qui a été l'héritage d'une seule ville, Oran – avec ses adolescents désœuvrés, mais surtout ses femmes, diseuses, poétesses populaires, à la réputation souvent licencieuse, devenues le symbole même de la dissidence, sa liberté dangereuse !

2. Oui, pour moi, première évidence, la nation algérienne se retrouve, concentrée, dans sa culture aussi bien collective que dans son écriture, et donc dans sa littérature contemporaine.

1962 marque l'indépendance politique, après sept ans de guerre meurtrière. En littérature, il faudrait prendre la date de 1956, celle de la parution du roman *Nedjma* de Kateb Yacine, plutôt naissance d'une littérature qui explose, d'un coup, dans la modernité. *Nedjma* est un roman éclaté dont la structure déroute, perturbe et alerte le lecteur tout en le plongeant au cœur d'une histoire, d'une mémoire et d'une mythologie proprement algériennes.

Or, près de quarante ans après, des écrivains sont tués physiquement, mais aussi des journalistes, des enseignants, des médecins : tués, tant d'autres persécutés, et cela par des Algériens...

Ce sont ces Algériens meurtriers – instrumentalisés par une propagande dite intégriste, au nom de l'islam politique qu'a favorisé une nouvelle Inquisition religieuse, digne de ce que connaissait l'Europe catholique de la fin du Moyen Age –, ce sont ces meurtriers d'écrivains et de journalistes qui peuvent dire, dans mon pays, à leur manière : « Tout doit disparaître ! »

Tout ? Entendez : la culture, la création, la contestation, la plume qui se veut individuelle, qui emprunte son chemin de hasard, qui trace sa pensée sur le mode de la dérision, de l'ironie ou de la colère. Cette écriture-là, oui, il se trouve des jeunes hommes, souvent des gueux, des désespérés révoltés, qui en font leur cible ; ces « fous de Dieu » qu'on a suffisamment drogués, manipulés, tordus et retournés pour être lancés contre... des intellectuels – ceux-ci parmi les plus modestes, quelquefois les plus discrets, en tout cas des altruistes, qui écrivent par conviction, qui revendiquent le droit de chercher leur propre vérité, et leurs erreurs aussi...

Voilà l'aberration et voilà le scandale : le « tout » risquant de disparaître concerne en premier lieu la pensée, et non les biens mal acquis, l'iniquité d'une classe de nantis qui, derrière le rempart de l'argent et de ses armées qui grossissent, exploite son peuple, prenant, dans l'illégitimité, le relais du colonialisme d'hier.

Ceux-ci représentent, disent-ils, l'Etat qui leur paraît, avec son armée, le « rempart » de la nation. Ceux-là – ceux qui tombent sous les balles ou les couteaux – sont le plus souvent l'âme et le cœur le plus pur de la nation algérienne.

3. Cette situation d'oppression des nouveaux pouvoirs est quasi générale – avec des différences de degrés – dans presque toute l'Afrique. (Combien alors la littérature exercée comme une résistance mène tant d'écrivains à l'exil !)

En Algérie, trente-trois ans après la fin d'une guerre dite « de libération » – dont l'issue victorieuse fut saluée dans le monde entier, nous voici confrontés à l'insupportable : la révolte d'un tiers état, ayant été privé de tout libre arbitre pendant une génération, mais pas tout à fait domestiqué par les ravages du parti unique dit « socialiste », conduit les plus violents de ces « dépossédés » à clamer : « C'est la faute aux intellectuels ! »

Serait-ce appliquer cette même logique si nous étions tentés de répondre à cette contradiction par un SOS ? Nous, écrivains d'Algérie, nous sommes en train de disparaître, et nos écrits de témoignage avec nous.

Serions-nous tentés de dire – comme autrefois ceux qui

chantaient : « C'est la faute à Voltaire, c'est la faute à Rousseau ! », dire à notre tour, et fort inconsidérément : « C'est la faute à Khomeyni, c'est la faute des islamistes tous ensemble, qu'ils viennent d'Arabie Séoudite, du Soudan et d'Afghanistan, et tant qu'à faire, c'est la faute de l'islam tout entier qui, en ce siècle, piétine dans son désir de faire face à la modernité ! »

Serait-ce la réponse schématique et, je le sais bien, médiatique en Occident ? Pour ma part, je n'ai guère le goût de m'installer dans le rôle de la victime intellectuelle : ni le tchador sur la tête, ni à la main le mouchoir des pleureuses, image trop facile du « pleurons ensemble sur la condition des femmes musulmanes ! ». Dans ce cas, comment verser dans une telle déploration, au cœur d'une Europe qui, en 1995, laisse Sarajevo cernée depuis trois ans et la Tchétchénie massacrée impunément en moins de six mois ?

Cependant, le problème reste entier pour l'écrivain de fiction que je suis : comment élucider la complexité d'un réel meurtrier et contradictoire dans mon pays, nation au bord de la fracture intérieure ?

4. La littérature algérienne – dont quelques romans ont été prémonitoires quant à la crise actuelle – me semble sous la menace d'une déshérence, avec son récent héritage qui fond, qui glisse et se perd, et se brouille.

Or, la nécessité d'affronter les problèmes d'identité, d'élaboration de valeurs nouvelles par la contestation intérieure, par la revisitation critique de l'héritage de la culture religieuse, surtout par la laïcisation de la langue qui conditionne celle des pratiques sociales, cette nécessité d'affronter les crises de sa propre société (et la nation algérienne se cherche désespérément une issue, bascule, faute de la trouver, dans la violence suicidaire), cette nécessité-là est, bien sûr, la tâche de tout intellectuel : nous ne pouvons y répondre, nous, écrivains, que dans notre propre langage, qu'il soit roman de fiction, poème d'imprécation ou pièce de théâtre de dénonciation...

5. Dans un récit que je viens de terminer cet été 1995, intitulé *Le Blanc de l'Algérie,* j'ai voulu, pour ma part, répondre à une exigence de mémoire immédiate, la mort d'amis proches (un sociologue, un psychiatre et un auteur dramatique) : raconter quelques éclats d'une amitié ancienne, mais décrire aussi, pour chacun, le jour de l'assassinat et des funérailles, ce que chacun de ces trois intellectuels représentait, dans sa singularité et son authenticité, pour les siens, pour sa ville d'origine, sa tribu...

S'est installé alors en moi le désir de dérouler une procession : celle des écrivains d'Algérie, depuis au moins une génération, et saisis à l'approche de leur mort – celle-ci accidentelle, par maladie, ou, pour les plus récents, par meurtre.

Je ne polémique pas ; ni non plus ne pratique l'exercice de déploration littéraire. Le plus simplement possible (et pour certains, après enquête auprès de quelques proches) je rétablis le récit des jours – avec parfois des signes naïfs, des présages – à l'approche du trépas.

Le Blanc de l'Algérie n'est pourtant pas un récit sur la mort en marche en Algérie. Peu à peu, au cours de cette procession, entrecoupée de retours en arrière dans la guerre d'hier, s'établit, sur un peu plus de trente ans et à l'occasion d'une trentaine de morts d'hommes – et de femmes – de plume, une recherche irrésistible de liturgie.

Se regroupent, se rassemblent puis se dispersent, autour de ces écrivains couchés définitivement (certains, alors que leur roman ou tel article restait inachevé, l'encre pas tout à fait séchée), les survivants, leurs lecteurs et amis, « ceux de leur famille » plus spirituelle que de généalogie. Ceux-ci ont tantôt versé dans les pratiques traditionnelles (surtout religieuses) au moment de l'inhumation ; mais certains – comme, par exemple, à l'enterrement de Kateb Yacine, en novembre 1989 – ont tenu à déclamer des slogans : jeunes associations berbères, groupes féministes... On a chanté tout autant l'hymne national de l'indépendance : plusieurs styles se sont affrontés au bord des tombes ouvertes.

Pour ma part, soutenue par mon souci d'un récit scrupuleux, j'ai donc été amenée à constater que de nouveaux rituels se mettaient à l'œuvre : que l'écrivain une fois mort, et ses textes pas encore rouverts, c'est autour de son corps enterré que s'entrecroisent et s'esquissent plusieurs Algéries...

Une nation cherchant son cérémonial, sous diverses formes, mais de cimetière en cimetière, parce qu'en premier l'écrivain a été obscurément offert en victime propitiatoire : étrange et désespérante découverte !

6. Il y a près d'un siècle, l'écrivain français nationaliste Maurice Barrès soutenait qu'une nation se constitue et se renforce autour de ses morts... C'était, il est vrai, au lendemain de la Première Guerre mondiale, si meurtrière...

Or, comment reprendre l'exemple européen, un siècle en arrière. Nous savons trop bien que ce XXe siècle a été, pour l'Europe, le siècle de tant d'hécatombes !

Un petit Etat africain, mais une déjà ancienne nation, recherchant sa nouvelle unité, mon pays donc, ne pourrait hélas, et seulement dans les cultes funéraires, tenter de se retrouver : et certainement pas en se décapitant de son élite intellectuelle si restreinte... La nation algérienne, palpitante toujours dans sa résistance et sa personnalité multiple, y perdait l'autonomie que lui assurait son indépendance politique si chèrement acquise hier !

Ma conclusion provisoire ne peut que rester en deçà d'une vision claire pour sortir du tunnel. Je livre ici la dernière phrase de ce récit, *Le Blanc de l'Algérie (« le blanc sur notre âme,* ai-je rappelé en citant Kandinsky, *agit comme le silence absolu ! ») :*

Blanc d'une aube qui fut souillée.

Dans la brillance de ce désert-là dans le retrait de l'écriture, en quête d'une langue hors-les-langues, en s'appliquant à effacer ardemment en soi toutes les fureurs de l'auto-dévoration collective, retrouver un « dedans de la parole » qui, seul, demeure notre partie féconde.

Détresse insurgée

En hommage à Mohammed Dib

I

La route est ouverte, Mohammed Dib. Regardons ensemble d'ici
là-bas, écoutons en nous là-bas.
La fière alliée du vent, dites-vous
La voyageuse aux oiseaux, elle, laquelle, terre Algérie, non celle
du soc millénaire, non celle de la Kahina au bord
du puits, riant juste avant de mourir, immobilisée
dans ce rire, elle, reine et amante de tragédie
La fière alliée, pieds nus dans le sable, cheveux en broussailles
et ventre rebondi, l'Algérie de l'ombre
Elle a nourri ces faces d'anges dressés en plein soleil là-bas
Elle a fardé leurs yeux de colère dansante
Leurs joues d'ennui solitaire
Leur bouche d'un soleil criant.

Ne revenons pas en arrière, dites-vous, *même si la terre s'est
enfoncée en terre sitôt foulée,*
Que nous disent ces messagers
haletants et béants
La route est ouverte, *la route est semée d'embûches*

Et vous, Mohammed Dib
éclaireur dans la nuit présente
Vous le patient, le doux cruel,
Vous murmurez quand je reprends en écho : « la route
est ouverte »
Vous insistez – c'était en mille neuf cent soixante-dix :
*L'envie de remplir le champ de la tradition ne l'emportera pas sur
nous !*
Et la route est ouverte, et elle appelle sans cesse !

II

J'ai vu la détresse
Obscure insurgée
Qui parle depuis derrière la porte
Tous parlent
Personne n'entend
Trente ans après, les mots effectuent un cercle complet dans
le ciel lourd et reviennent à leur source
Ils explosent, sédition de l'espace :
« Evénements, états de siège, force de l'ordre, hors-la-loi »
Et les victimes de hasard, yeux élargis, et les larmes,
Tout revient, mais dans une inversion pitoyable.

« Les pouvoirs », ainsi s'intitule un des mouvements de *Formulaires*
Les pouvoirs s'entrechoquent désormais dans une farce sanglante
et au grand jour
Et nous, les sans-pouvoir
dont les mots se veulent seulement eau qui coule
et jamais discours
eau qui sourd
et jamais éloquence de foire
oued qui s'assèche entre les pierres
qui resurgit

rigole chuintante sous les mandariniers
Nous, les chantres, rendus muets là-bas,
suspects là-bas,
Sous les ronronnements des haut-parleurs de minarets trop neufs,
Nous qui transportons, dans notre errance, l'inusable psalmodie des aïeules,
Comment, au creux de nos paumes réunies, comment recevoir la détresse qui brame ?...

III

Notre voix se durcit sous le masque, nous, les enfants de Hakim, le prince maudit et ressuscité par Nerval, par
Borgès, par Danilo Kis,
Nous, les écrivains auto-traduits dans l'abîme de nous-mêmes
notre parole se noue et se noie
désert sans détour
désert et détours
Ne plus fouler le champ de la tradition
Ne pas s'exhiber en faux révoltés sur les tréteaux d'ailleurs
Nous gardons une écharde dans la gorge
Les feux d'autrefois, pour nous, brûlent encore
Car nous sommes d'hier et d'après-demain.
Le cercle des vautours revenus dans un ciel d'agonie
Non !
Dédaignons les voyeurs et tous leurs miroirs
Rejouons les chevaliers sans peur de l'enfance
Ombres à la fois pour ici et là-bas
Nous, les perdants et fiers de perdre
La seule véhémence nous portera
Le masque des mots écrits devenus notre peau s'égoutte
De cendre et de sang
Notre ouïe toutefois reste intacte
Et la plume court, grinçante, sur le chemin qui s'ouvre

Ces voix qui m'assiègent

Le chemin qui est une façon de dire la prière
Dites-vous,
Cher Mohammed Dib,
Je vous le redemande,
Pourquoi, vous qui savez, pourquoi cette détresse
Et comment éclairer *l'obscure insurgée*
Détresse insurgée.

Si rien n'y invite au repos, c'est que le chemin y est repos
Disiez-vous
Mots de commotion, mots de consolation
Votre prescience a les yeux de l'azur
Et un manteau de pluie
Pour préserver l'innocence.

Raïs, Bentalha... un an après

A Jean Pélégri

I

Ecrire, ce serait tuer la voix, l'épuiser, lui faire rendre souffle, la
dépouiller de son ton, de son accent, de son écho, de son déplacement d'air
Ecrire, ce serait la coucher – elle, la voix première –, ce serait l'étrangler, ou la tordre comme linge mouillé sur une corde au soleil,
la piétiner sinon,
l'ensevelir dans la boue, le pus, la pourriture
Ecrire, ce serait l'exposer, la brûler pour atteindre ses os invisibles, ses nerfs arachnéens, son acier étincelant, ce serait...
Ecrire...

Ecrire ma voix, celle d'autrefois qui fourmille encore aujourd'hui dans mes orteils, sous mes pieds nus qui, chaque nuit, s'affolent jusqu'à la rive de l'aube
Ecrire la voix de chaque fillette, sa voix tapie dans ses cheveux que masque le foulard noir luisant, la voix de la jouvencelle au crâne rasé alors que ses yeux d'épouvante s'élargissent face à vous
face à toi qui, si longtemps après, écris.

II

Ecrire la voix des autres, de la mère orpheline qui clame le deuil
infini, de la mendiante qui fredonne dans les ruines, de l'infante
qui rit à peine, un seul sanglot, puis rien, la maison vide
Ecrire toutes les voix. Les sécher, les aplatir, les asphyxier, mais
pas les prolonger, illusion,
ni les pérenniser, toutes vos voix sur papier deviennent unique
et informe magma,
de la boue,
hélas, de la boue femelle

Ecrire au cœur du hameau détruit
Raïs, Bentalha, ô Mitidja de l'enfance souillée
Ecrire pour écraser, pulvériser, piétiner tous vos cris
qui ne composent pas symphonie
nul chœur, nul gospel africain, aucun hululement berbère

Les cris d'une seconde bleue, tendue jusqu'à l'horizon, et les massacres se suivent
là-bas près des vergers d'hier
à l'ombre de l'orangeraie, le long des ruisseaux où l'eau chante,
Les cris, non, un geignement, goutte à goutte, s'écoule
voix d'un enfant, seul survivant.

III

Ecrire l'après-massacre
le silence revenu
les morts, libérés de leurs corps, frémissent tout autour
dispersés
non ensevelis

Fosse commune des photographies projetées à travers le monde
cadavres en creux noir et blanc
Kronos aveugle, voici venu le Temps troué
Vieillard ivre qui titube, poing en avant pour maudire

Ecrire pour effacer ce dévoilement absolu
ce linceul sans rituel
sans psalmodie
Ecrire pour les retrouver eux, les morts, mais avant
ou maintenant, quand ils nous parlent
car ils nous parlent

Disparus
émiettés
poussières de cristal, de quartz, de sable
se chevauchant les uns les autres
caravane d'un délire du retour
ils reviennent à nous, ils accourent
pour habiter ce désert de notre histoire
ils ont soudain pitié de nous
Piété manifeste devant nous, les encombrés,
Nous rendre l'air respirable
malgré ce soleil immobile.

IV

Ils reviennent presque dans la hâte
de nous voir les convoquer,
les approcher, nous
nous, ou moi toute seule
dans la solitude
loin des caméras de la foule
hors de son œil vorace
moi, sans voix, yeux baissés

Le calame à la main
ma plume de l'école coranique
quand, fillette, près des orangers,
et des ruisseaux dont l'eau chantait
j'apprenais à écrire
le premier verset
le dernier

J'apprenais aussi à écrire le français

Les morts reviennent en cohorte, sans visage particulier
corps mêlés les uns aux autres
pour ainsi dire amoureusement
des monstres à moi familiers
affectueux
morts enlacés qui s'avancent
la bru portée par la belle-mère jalouse
l'époux soupçonneux, yeux crevés
le patriarche autoritaire, mains brisées
tous, liés, confondus
dans un brouillard vert flottant
mais chacun sa voix nette
distincte
préservée
chacun, ses mots à lui, son dialecte,
sa fureur, sa douceur
ils reviennent jusqu'à nous, jusqu'à moi.

V

Je demeure la fillette du village
Raïs, Bentalha, un an après
moi qui m'entête à transcrire mais pour qui
les lieux du royaume profanés

Ces voix qui m'assiègent

Je ferme les yeux sauvagement
Je regarde en moi, au profond de moi
   dans mon puits
et j'écris, une tête coupée d'inconnue tout près de ma main attend
   ma caresse,
Non, j'écris
   de gauche à droite
   de droite à gauche
   sur une planche de noyer
   sur une pelure, une soie, un lambeau
J'écris sur ma peau et sur mon effroi
   dans le puits sec du tréfonds de moi
J'écris français
J'écris un français
   qui va vite, qui va droit
   qui s'envole
   on dirait Gabriel devant la grotte

J'écris la langue des morts ou la mienne qu'importe
J'écris une langue offensée
   fusillée
   une langue d'orangeraie
J'écris français
   langue vivante
   sons écorchés
J'écris vos voix pour ne pas étouffer
   vos voix dans ma paume dressées
Raïs, Bentalha, j'écris l'après.

Ecrire, sans nul héritage

Filles, non héritières. Ou plutôt depuis la loi islamique et pour la contourner : déshéritées. Ne pas « oser » réclamer son dû – par décence, par amour, soi-disant du silence, par...

Tout père, chez nous, déshérite (ou plus exactement donne, mais laisse ses fils, ses frères reprendre). Et même s'il est de cœur tendre, et sans goût de l'oppression ni de l'iniquité. Il se tait pour qu'elle, sa fille, se taise à son tour.

Des romans entiers pourraient s'écrire sur ces silences. Des actions de théâtre devraient, sur ces chaînes de renoncement, s'interpréter mais, comme on sait, il n'y a pas de théâtre en islam. Ou plutôt, il n'y en a qu'un seul : la liturgie autour du sang de Hussein, de son martyre.

Qui est Hussein aujourd'hui en terre algérienne, et qui est Yazid, son bourreau ?

Bien sûr, l'on pourrait dire que le meurtre du petit-fils du Prophète était déjà inscrit, alors qu'il était tout enfant, à l'instant même où sa mère, Fatima ben Mohamed, parla haut. Protesta. Dit non : ne supporta pas d'être, à la mort du père, déshéritée. D'un jardin de son père ; de beaucoup plus forcément.

Elle clame son refus, improvise sa révolte, met en vers son dédain de la lâcheté des compagnons : six mois durant, elle dit non, elle impose ce non à son époux, à ses cousins, à tous les siens « gens de la famille »... et elle en meurt.

De ne pas l'avoir écrit ?

Son fils, près de cinquante ans plus tard, s'entête par souci de l'héritage, à prendre le chemin de Karbala : au terme de celui-ci, il est lacéré, percé, déchiqueté : les meurtriers s'acharnent sur l'héritier d'une femme. L'héritage qu'elle n'a pu recevoir. Dont elle aurait dû taire la perte...

Soudain, je me le dis dans une pure fantaisie : c'est pour cela que, de l'Iran chiite en fièvre aujourd'hui soudain, ce tchador noir, couvrant les chevelures, se charge d'une telle valeur symbolique : pour que jeunes filles et vieilles dames oublient la tentation de Fatima, pour qu'elles taisent, elles, la perte de l'héritage, pour qu'elles célèbrent à leur manière leur propre dépossession !

Filles non héritières ; exhérédées.

En pleine Algérie « socialiste », le code de la famille (1984) rend légale l'exclusion des femmes. Le choix alors : ou se poser en victimes, ou en revendicatrices, en protestataires – en émules de Fatima, avec le prix qu'elle a eu à payer : par sa mort précoce – son dégoût du pouvoir temporel – puis par le meurtre de son fils devenu homme, se voulant héritier, de sa mère d'abord, quelle erreur !

L'exhérédation a ceci de particulier qu'elle vous tombe dessus à la première trahison des mâles devant tout legs, du père essentiellement (car il est le seul à donner par amour, les autres, l'époux ou les fils, donnent peut-être mais toujours en échange de...).

Vous vous retrouvez donc déshéritée et par décence, par pudeur, par *hochma,* c'est-à-dire par honte (étrange, la pudeur, en somme le goût du secret se désigne par la culpabilité intériorisée !), vous laissez sur vous s'exercer l'injustice.

Après, mais vous ne l'auriez pas prévu, c'est votre dépouillement que vous transmettez : à vos filles, cela va sans dire (une complainte des femmes de Ghardaïa dit : « Je ferai une fenêtre entre ma fille et moi ! »). Mais à vos fils aussi : vous à qui la loi coranique permettait de leur céder ce qui vous venait de votre père (par un jeu triangulaire qui, après tout, bonifiait la transmission, en lui ajoutant une charge émotionnelle...), vous avez, du fait de votre silence premier, peut-être dû parfois à une volonté d'ascèse, omis de prévoir cela : vous tendez à vos fils, au moment de quitter vie, vos mains vides...

– *Héritez donc, ô yeux de mon âme, de mon non-héritage !*

Ceux de vos fils qui sont trop purs pour en avoir cœur amer en feront certes un départ pour l'aventure... Mais les autres, c'est-à-dire la plupart – fils de vos époux, en effet –, ils manifesteront mauvaise grâce et se tourneront vers leurs sœurs, pour les contraindre... à renoncer en leur faveur à la transmission paternelle.

Et le déshéritement de la mère produira une nouvelle spoliation, subie et imposée !

Voici le seul dialogue possible entre hommes et femmes dans mon pays désormais : ainsi dérive-t-il en palabres et procédures dans les cours de justice. Par impuissance, j'esquisse à ma manière cette grande misère, source de violence masquée.

Ecriture de la dépossession ? A condition que se conserve le souffle, que la forge en vous travaille au cœur de votre colère – naturellement, dans « les mots de la tribu ».

Faire vibrer la voix ; quatorze siècles après la première révoltée de l'Islam, la « fille », suivre humblement sa trace : s'essayer dans son ombre au feu de son éloquence, elle qui en fut brûlée la première.

Mais si l'on ne possède pas comme arme – dans la pulsation du verbe, dans la nidification de la parole – le parler ancien avec son âcreté, son martèlement et le bourdonnement sourd de ses artères, comment ne pas retomber dans la contagion du silence, dans les marais de l'acceptation ?

Certes, le chant ancien ne servait, pour les femmes (poétesses, *rawayites,* ou même folles « habitées »), qu'à rythmer en elles la fièvre impuissante, la fierté offensée, à condition que s'oubliât le corps – les cheveux bien sûr, les yeux, les seins, la stature, la démarche, le mouvement pur... Que subsistât la voix sans regard – voix de femmes qui s'envolent ou qui s'enterrent.

Qui pleurent surtout.

Ai-je dit d'abord que, même si j'avais été poétesse à l'exemple des plus grandes de la période anté-islamique, non, je ne pleurerais pas mes amis meurtris et martyrisés en terre algérienne ?

Les pleurs ne s'écrivent pas ; ils griffent le corps, ils le torturent. Au mieux, ils deviennent un vent, une tempête ; pas un flux d'écriture. La rage, si elle vous serre à la gorge, et noue votre voix, au moins fait-elle chevaucher au plus vite vos mots d'ici ou d'ailleurs pour les inscrire.

Ai-je dit que je n'écrirais nulle déploration ? Mon écriture ne s'est jamais chargée d'un tel héritage.

Ai-je dit que, dans les *dechras* là-bas, alors que l'amour sucré se chante encore en complaintes de convention, la voix drue se déchire à l'infini en ne célébrant que la séparation ?

Mon écriture ne s'alimente pas de la rupture, elle la comble ; ni d'exil, elle le nie. Surtout, elle ne se veut ni de désolation, ni de consolation. En dépit de la déshérence en moi du chant profond, elle jaillit, gratuite ; elle est de commencement.

Tel est mon esseulement, et je perçois enfin la chance de mon non-héritage.

Si déjà, pour écrire, on vous a déshabillée de la langue maternelle, si le langage vernaculaire ne vous sert que pour souffrir, oh que non, vous ne pousserez plus les youyous au cœur de la fête ou dans l'éclatement altier du deuil.

Que non, vous ne direz pas « nous », vous ne vous cacherez pas, vous femme singulière, derrière la « Femme » ; vous ne serez jamais, ni au début ni à la fin, « porte-parole », vos mots d'ailleurs ne portent pas loin, ils ne prétendent pas à l'horizon des cantatrices qui bercent.

Que non, vous direz « je » – je et jeu pour vous toute seule –, vous chanterez, vous danserez et c'est cela justement que vous désirez inscrire, même en plein désastre, à cause du naufrage même,

votre joie de la lumière
votre découverte de marcher dehors
de ne plus sentir d'attaches.

Ils vous auront expulsée avant
A peine avez-vous affiché vos rires, et non la mélancolie,
A peine avez-vous fixé cet éclat du défi en vocables
Ils vous auront jeté la pierre
Avant même que ne soit débandée la horde
ils vous auront chassée !

Non, rétorquerai-je par scrupule dans ce dialogue intérieur qui m'habite, non : j'ai flairé une étrange odeur dans l'air empuanti d'un Alger des premières années quatre-vingt. Celle d'un ennui épidémique, d'un désert là-bas, tout en haut, contre le bleu du ciel empyrée, flottant au-dessus des rues surpeuplées d'hommes se pressant, compressés, compassés et presque plus une seule femme errante...

Voilà dix ans ou davantage : moi dont l'écriture palpite d'abord au rythme de la marche dehors, dans la quête des visages, des nuages, des nuances, ainsi me suis-je expulsée moi-même.

Pas à coups de pierres ; sans ostracisme manifeste ; dans le rejet d'un quotidien prétendument « populaire » qui m'aurait rétrécie, et maculée, même dehors, même « nue », c'est-à-dire sans voile...

Non, plutôt sous le voile de la bienheureuse illusion, du désir de fiction vive, de la mobilité incessante : en somme du roman.

Est-ce désormais, en écho au sang qui gicle là-bas
un programme au féminin qu'il s'agit d'écrire,
de vivre,
d'écrire pour le vivre
et que dans l'asthénie de ma langue de lait et
d'hérédité, la langue française, non transmise par
quelque généalogie, s'ensemence à la place

en quelle solitude
de l'ailleurs,
d'une autre terre ailleurs,
où faire le vide,
où faire ruisseler le silence
et couturer la rupture ?

Ai-je dit que je n'écrirais que dans la vie, y compris le vide de la vie, dans la fugue solitaire qui, à son terme extrême, se transmue solidaire, pour ne pas geler ?

Ecriture de déshéritée, pour dire encore le soleil.

Lieux, dates et circonstances de ces interventions

Assise sur le bord de la route... : Huitièmes rencontres des écrivains francophones, Soleure (Suisse), mai 1995. Sur le thème : « Nation, nationalisme et écriture ». Ce texte est extrait de ma *Lettre à Hubert Nyssen,* enregistrement et diffusion par France-Culture et les radios de Suisse, de Belgique et du Canada.

Etre une voix francophone : Colloque « Francophone Voices », Université de Leeds (Grande-Bretagne), septembre 1997.

L'entre-deux-langues et l'alphabet perdu : Rencontres littéraires, Société de littérature, Vienne (Autriche), mars 1998.

L'enjeu de mon silence : Bâton Rouge, février 1998.

Ecrire dans la langue de l'autre : « Identité, culture et changement social », Troisième Congrès international de l'ARIC, Université de Sherbroke (Canada-Québec), août 1989.

La langue dans l'espace... : Maison des Ecrivains, Paris, avril 1991.

Le triangle linguistique : Alger-Paris, mai 1988.

Ecrivain/Ecrivaine : Rencontre de femmes écrivaines, Londres, octobre 1993.

Du français comme butin : Article paru dans *La Quinzaine littéraire,* décembre 1989.

Entre parole et écriture : Université de Heidelberg (Allemagne), mai 1989.

Algériennes, le regard qui recule... : Conférence au Centre culturel français de Londres, janvier 1989.

L'écrit des femmes en littérature maghrébine : Rencontre d'écrivains, Conseil général de Seine-Saint-Denis, octobre 1995.

De l'écriture comme voile : Conférence à l'Université d'Ottawa, mai 1982.

Violence de l'autobiographie : Université de Wurzburg (Allemagne), Colloque sur l'autobiographie, Journée Assia Djebar, juin 1996.

D'un silence l'autre : Colloque « Généalogie-Ecriture », Collège international de philosophie, Paris, 1986.

Taos ou le chant du phénix : Paris, mars 1992.

Anamnèse... : Colloque de l'Université d'Iowa (USA), avril 1996.

Le chant de l'oubli : Paris, été 1982.

L'eau de la mémoire : Article paru dans *Journal des Femmes,* Paris, 1980.

Regard de l'autre, regard sur l'autre : Article paru dans *Le Journal de l'Unesco*, mars 1989.

Mon besoin de cinéma : Colloque « Ecrit/Ecran : Assia Djebar-Sembène Ousmane », Université de Victoria, Vancouver (Canada), octobre 1994.

Pourquoi je fais du cinéma : Université de Wurzburg (Allemagne), mai 1989.

Voyage en cinéma : Berlin, 1989.

La chambre d'échos : Carrefour des littératures, *Dernières Nouvelles d'Alsace,* Strasbourg, novembre 1993.

Etranges étrangères : Université de Pavie (Italie), Colloque, mars 1995.

L'écriture de l'expatriation : Congrès des professeurs de littératures latines des Universités de langue allemande, conférence d'ouverture, Munster, septembre 1995.

Ces voix qui m'assiègent

Camus, « Le Premier Homme », le dernier livre : Université de Berkeley (USA), février 1995.

Les nuits de Strasbourg : Maison des Cultures du Monde, Berlin, novembre 1998.

Tout doit-il disparaître ? : Rencontres internationales de Laate (Finlande), juin 1995.

Détresse insurgée : Poème lu pour l'« Hommage à Mohammed Dib », Centre culturel algérien, Paris, mai 1993.

Raïs, Bentalha... un an après : Poème lu à Harvard University, Boston (USA), novembre 1998.

Ecrire, sans nul héritage : Poème lu au Colloque international sur le roman, Université d'Oslo (Norvège), septembre 1994.

Table

Du même auteur (suite)

Récit

CHRONIQUE D'UN ÉTÉ ALGÉRIEN, Plume, 1993.
LE BLANC DE L'ALGÉRIE, Albin Michel, 1996.

Essai

CES VOIX QUI M'ASSIÈGENT, Albin Michel, 1999.

Films (longs métrages)

LA NOUBA DES FEMMES DU MONT CHENOUA, 1978.
Prix de la critique internationale – Biennale de Venise (Italie), 1979.
LA ZERDA OU LES CHANTS DE L'OUBLI, 1982.

Théâtre

FILLES D'ISMAËL DANS LE VENT ET LA TEMPÊTE, drame musical en 5 actes, 2000.
AÏCHA ET LES FEMMES DE MÉDINE, drame musical en 3 actes, 2001.

Reproduction et impression Book It !
en mars 2009
Éditions Albin Michel
22, rue Huyghens, 75014 Paris
www.albin-michel.fr

N° d'édition : 25894 - N° d'impression : 94323
Dépôt légal : mai 1999
ISBN : 978-2-226-10823-8
Imprimé en France